改革开放进程中的经济学家学术自传

张卓元　高培勇　主编

李晓西学术自传

李晓西◎著

ACADEMIC AUTOBIOGRAPHY OF LI XIAOXI

SPM

南方出版传媒

广东经济出版社

·广州·

图书在版编目（CIP）数据

李晓西学术自传 / 李晓西著. —广州：广东经济出版社，2019.10（2020.2重印）
（改革开放进程中的经济学家学术自传）
ISBN 978-7-5454-6782-6

Ⅰ.①李… Ⅱ.①李… Ⅲ.①中国经济－经济改革－研究 Ⅳ.①F12

中国版本图书馆CIP数据核字（2019）第187503号

出 版 人：李 鹏
责任编辑：易 伦
责任校对：李玉娴
责任技编：陆俊帆

李晓西学术自传
LIXIAOXI XUESHU ZIZHUAN
李晓西 著

出版发行	广东经济出版社（广州市环市东路水荫路11号11—12楼）
经销	全国新华书店
印刷	恒美印务（广州）有限公司 （广州市南沙经济技术开发区环市大道南路334号）
开本	787毫米×1092毫米 1/16
印张	13.5
字数	148 000字
版次	2019年10月第1版
印次	2020年2月第3次
书号	ISBN 978-7-5454-6782-6
定价	88.00元

如发现印装质量问题，影响阅读，请与承印厂联系调换。
发行部地址：广州市环市东路水荫路11号11楼
电话：（020）38306055 87393830 邮政编码：510075
营销网址：http://www.gebook.com
广东经济出版社新浪官方微博：http://e.weibo.com/gebook
广东经济出版社常年法律顾问：胡志海律师

《改革开放进程中的经济学家学术自传》丛书

编辑委员会

《改革开放进程中的经济学家学术自传》丛书分册名录

（按姓氏音序排列）

1.《白重恩学术自传》
2.《蔡昉学术自传》
3.《常修泽学术自传》
4.《陈东琪学术自传》
5.《陈锡文学术自传》
6.《迟福林学术自传》
7.《樊纲学术自传》
8.《范恒山学术自传》
9.《房维中学术自传》
10.《高培勇学术自传》
11.《高尚全学术自传》
12.《郭克莎学术自传》
13.《洪银兴学术自传》
14.《黄达学术自传》
15.《黄群慧学术自传》
16.《贾康学术自传》
17.《江小涓学术自传》
18.《金碚学术自传》
19.《李实学术自传》
20.《李晓西学术自传》
21.《厉以宁学术自传》
22.《林兆木学术自传》
23.《刘诗白学术自传》
24.《刘世锦学术自传》
25.《刘树成学术自传》
26.《刘伟学术自传》
27.《马建堂学术自传》
28.《彭森学术自传》
29.《宋晓梧学术自传》
30.《田国强学术自传》
31.《王梦奎学术自传》
32.《王一鸣学术自传》
33.《魏杰学术自传》
34.《魏礼群学术自传》
35.《乌家培学术自传》
36.《吴敬琏学术自传》
37.《杨瑞龙学术自传》
38.《张军学术自传》
39.《张军扩学术自传》
40.《张晓山学术自传》
41.《张燕生学术自传》
42.《张宇燕学术自传》
43.《张卓元学术自传》
44.《赵人伟学术自传》
45.《郑新立学术自传》
46.《周叔莲学术自传》

总　序

Preface

盛世出华章。中国的改革开放是一场波澜壮阔、前无古人的伟大社会变革，也将是世界经济发展史上的瑰丽篇章。中国经济学家在这场伟大变革中，或贡献了智力，或参与了实践，无论是参政建言还是学术构建，均厥功甚伟。

在我们先后迎来改革开放40周年和中华人民共和国成立70周年之际，为了记录并彰显中国经济学家的历史贡献，为中国特色社会主义事业进一步发挥智慧的力量和作用，同时借以勉励后学筑梦前行，我们组织并编辑了这套《改革开放进程中的经济学家学术自传》丛书。

这套丛书的出版设想，最初由广东经济出版社提出。在此之前，得力于中国社会科学院经济研究所张卓元教授等的大力支持，该社曾于2009年编辑出版《影响新中国60年经济建设的100位经济学家》丛书。那套丛书产生了良好的社会反响，也获得了较高的学术评价。弹指一挥间，又是一个十年，共和国迎来了70华诞，改革开放也逾40周年。在这样一个特殊的背景下，广东经济出版社邀请张卓元教授和高培勇教授领衔，由《经济研究》编辑部具体负责，组织、编辑一套集中反映改革开放进程中的经济学家学术探索和心路历程的丛书。

认识到这是一件颇具眼光、很有意义的事情，于是，便有了读者眼前这套《改革开放进程中的经济学家学术自传》丛书编辑出版工作的启动。

中国经济改革与发展的伟大实践，为中国经济学家的成长提供了肥沃的土壤。要从这些灿若繁星的经济学家中推选出大家比较公认的富有影响力的经济学家，并不容易。怎样推选？推选多少？具体标准是什么？如何约稿？丛书的体例又该如何把握？这一系列相关问题接二连三地提至我们面前。

为此，在初步拟订编辑出版方案的基础上，由张卓元教授和高培勇教授主持，邀请部分专家召开了小范围的论证会议，就组建丛书编辑委员会以及丛书编辑出版的一系列相关问题听取意见，进一步完善方案。

紧跟着，2017年6月25日，丛书编辑委员会会议在北京举行。出席会议的委员共有19位（按姓氏音序排列）：白重恩、常修泽、陈东琪、陈锡文、迟福林、高培勇、郭克莎、黄群慧、金碚、李晓西、刘伟、彭森、宋晓梧、田国强、魏礼群、吴敬琏、张军扩、张燕生、张卓元。因故请假、提供书面意见的委员有10位（按姓氏音序排列）：蔡昉、曹远征、贾康、李实、李扬、厉以宁、林毅夫、刘世锦、钱颖一、张军。

这次编辑委员会会议就如下一些重要问题形成了高度共识：

第一，关于丛书的意义。委员们高度认可丛书的编辑出版工作，认为这是一项富有重要历史和现实意义的出版工程。

第二，关于丛书入选者的标准和数量。委员们认为应本着宁缺毋滥、质量为先原则，以对改革开放事业的某个特定领域做出实质性贡献或产生实质性影响的经济学家为重点，入选者宜掌握在60位左右。

第三，关于丛书的体例。基于凸显学术价值和史料价值的考虑，委员们认为学术自传宜涵盖作者的学术成长历程、作者对改革开放事业某个特定领域的研究成果和学术贡献、作者对特定领域改革前景的展望等方面内容。

第四，关于丛书的读者对象。委员们认为应主要面向青年学者以及学生，谈人生经验、述理想情怀，激励广大青年学者和学生确立奋斗的目标、发展的方向和成功的路径。

第五，关于丛书的文风。委员们主张学术自传应具有较强的理论性、学术性，同时文笔流畅、深入浅出，具有一定的可读性。

在经过充分讨论形成的候选经济学家名单基础上，与会委员按照获得半数以上多数票入选的规则，以无记名投票方式表决确定了65位入选者。

会议还决定，请因故请假的委员继续对候选经济学家名单通讯投票，并根据此项流程的统计结果，提请全体编辑委员会委员再进行一次通讯评审，最终确定丛书入选者为68位。

由此产生的《改革开放进程中的经济学家学术自传》丛书入选作者为（按姓氏音序排列）：白重恩、蔡昉、曹远征、常修泽、陈东琪、陈清泰、陈锡文、迟福林、樊纲、范恒山、房维中、高培勇、高尚全、郭克莎、郭树清、韩俊、洪银兴、华生、黄达、黄群慧、贾康、江小涓、金碚、李剑阁、李京文、李实、李晓西、李扬、厉以宁、林毅夫、林兆木、刘国光、刘鹤、刘诗白、刘世锦、刘树成、刘伟、隆国强、楼继伟、马建 堂、彭森、 钱颖一、宋晓梧、田国强、王梦奎、王一鸣、魏杰、魏礼群、乌家培、吴敬琏、吴晓灵、杨启先、杨瑞龙、易纲、余永定、张军、张军扩、张维迎、张晓山、张燕生、张宇燕、张卓元、赵人伟、郑新立、周其仁、周叔莲、周小川、朱玲。

在确定入选者名单之后，《经济研究》编辑部立即展开了组稿工作，共有46位入选者接受约稿。在这一过程中，入选的经济学家或其家属、秘书、好友等，对我们的工作给予了热情的支持，在百忙之中积极准备所需要的文献，其认真精神令人感动。应该说，没有他们的积极响应和大力支持，这套丛书是难以按时按质完成的。

由于入选的经济学家大多是名人、忙人，有一部分老作者也已年届九十高龄，约稿的工作量及其难度可想而知。一些作者提出暂不能写作，这多少令我们感到些许遗憾。其间也有许多感人的情景要告诉读者们：常修泽先生于2018年夏天在吉林延边的一个小镇闭门两三个月专事自传写作，在整个写作过程中数十次与编辑部和出版社沟通，包括内容完善、结构设计和一些合理性建议等诸多细节，并且在约定期限内交稿给编辑部；九十五岁高龄的黄达教授在写作过程中十余次通过电话或电子邮件与编辑部讨论写作重点和风格；乌家培、林兆木、王梦奎等老先生也是不厌其烦，反复就文字沟通润色；周叔莲先生在去世前一周还给编辑部打电话，告诉编辑自己已经基本完成了书稿的写作，并详细介绍了自己的写作过程和感想，我们至今忆此仍为之动容。在这些难得的沟通中，我们一次次被感动。

随着此套丛书的陆续编辑出版，我们越来越强烈地体会到了这项工作的意义和价值：

入选这套丛书的作者，系改革开放进程中的经济学家，他们的知名度较高，社会影响较大。这套自传体丛书，是对他们的代表性研究成果、学术贡献、成长历程及人格魅力的一个集中展示。对于广大读者特别是青年学子来说，这无疑是一个难得的学习、了解我国经济理论和现实问题的机会。

这些经济学家在各自的学术领域都是佼佼者或领军者，他们学术素养深厚、学术成就卓越。他们在自传中大多以第一人称娓娓道来，讲述了自己的家国情怀与学术成长经历，为记录我国改革开放历程留下了第一手资料。从经济史和思想史的角度看，这应该是非常有史料价值的研究文献。

众多大家的纸上风华，既映射出中国改革开放40多年取得的巨大成就，也是对中国改革与发展经验比较系统的总结。正如习近平总书记所指出的："从我国改革发展的实践中挖掘新材料、发现新问题、提出新观点、构建新理论，加强对改革开放和社会主义现代化建设实践经验的系统总结，加强对发展社会主义市场经济、民主政治、先进文化、和谐社会、生态文明以及党的执政能力建设等领域的分析研究，加强对党中央治国理政新理念新思想新战略的研究阐释，提炼出有学理性的新理论，概括出有规律性的新实践。这是构建中国特色哲学社会科学的着力点、着重点。"应该说，本套丛书的作者们用生动而精彩的人生与学术追求，践行了这一重要要求。

这套丛书的编辑出版与《经济研究》编辑部各位同仁的努力也是分不开的。他们通过电话、短信和邮件等方式不断地与作者或其家人、秘书等进行沟通。参加组稿和审稿工作的人员有:郑红亮、刘霞辉、张永山、唐寿宁、王利娜、谢谦、金成武、孙三百、陈小亮、欧宏、王红梅、刘莹、曹帅。

广东经济出版社的领导和编辑在本丛书的出版过程中也做了大量的工作，正是有了他们的努力，这套丛书才能得以顺利与读者见面。

特别值得一提的是，这样一套组织工作浩繁的大型丛书，见证了《经济研究》编辑部与广东经济出版社值得称道的团队合作精神。编辑部的张永山、王红梅同志和广东经济出版社的编辑团队从始至终为丛书的组织沟通、约稿、文稿整理付出了大量的心血，他们的耐心和一丝不苟的敬业精神令人称道。

这套丛书就此付梓了，回望中国改革开放的辉煌岁月，携手丛书作者对祖国的拳拳心路与期待，我们略感欣慰！但由于时间仓促，加之我们的水平有限，书中的不足和错误之处在所难免，敬请广大读者批评指正。

《改革开放进程中的经济学家学术自传》丛书编辑委员会

2019年10月

作者简介

李晓西

男，1949年出生于兰州，祖籍重庆江津。1978年考入兰州大学经济系（七七级）学习，1982年获经济学学士学位。1984年、1989年先后获中国社会科学院研究生院经济学硕士、博士学位。

曾任中国社会科学院财政与贸易经济研究所综合室副主任、中国社会科学院研究生院博士生导师、国务院研究室宏观经济研究司司长、北京师范大学第七届校学术委员会副主任和北京师范大学经济与资源管理研究院院长。

兼任教育部社会科学委员会经济学部召集人，教育部“长江学者奖励计划”评审委员会委员，中国市场学会副会长，联合国工业发展组织—联合国环境规划署绿色产业平台中国办公室名誉主任，中国政策专家库专家委员会委员，国家可持续发展议程创新示范区咨询委员会委员，中国区域经济50人论坛、中国文化经济50人论坛成员和中国经济50人论坛20年成员，北京师范大学经济与资源管理研究院名誉院长，西南财经大学发展研究院名誉院长。曾兼任第五届中国环境与发展国际合作委员会中方委员，国务院关税税则委员会专家咨询委员会委员，国家社科基金项目学科评审组专家，国家自然科学基金第十四届专家评审组成员，第十四届北京市人大代表，国内20多个学会的常务理事；国家行政学院、北京大学、中国人民大学、山西大学、澳门理工学院等10多所高校特约教授或学术顾问。先后被北京、成都、广州、山西、青海、陕西等10多个省市聘请为经济顾问或咨询专家。

40年来，受邀访问考察过亚、非、拉、欧、美、澳近40个国家和地区。其中，1988年曾作为高级访问学者在英国伦敦经济学院斯特恩教授的指导下访学近一年，2014年受库珀教授和曼昆教授邀请赴哈佛大学访问与交流半年。

2009年入选由中国社会科学院经济研究所主持的《经济研究》编辑部和广东经济出版社具体组编等主编的《影响新中国60年经济建设的100位经济学家》；2010年入选国家级重大出版工程——钱伟长总主编《20世纪中国知名科学家学术成就概览》，张卓元、厉以宁、吴敬琏主编的“经济学卷”。

目录

壹

学术历程

引　言

1949年3月，我出生于一个知识分子家庭，父亲是汽车工程师，曾当过石油运输总公司汽车修配厂厂长，母亲在石油运输总公司医院工作，是医生。他们是石油工业最早的一批勘探者和参与者，先后在甘肃兰州、玉门、敦煌等地工作。由于父母工作繁忙、流动性大，我被送回成都爷爷奶奶家，上了成都市最好的小学——实验小学。中学时期，我重返大西北，先在敦煌运输总公司子弟中学读书，后来考上酒泉地区的中学上了高中。这些事早期均有过报道[①]。以下根据学术自传要求，分六个阶段汇报一下我的学术历程，其中第二、第三章则汇报一下学术贡献与治学体会。

一　知识青年与党校教员

1968年，作为高六七级（即高中二年级）学生，我成为第一批上山下乡的知识青年，插队来到嘉峪关市新城公社长城大队一小队。由于从小在城市和石油大企业生活，我对农村很陌生，也对其充满浪漫的想象。那时候，心中

① 人物栏目：《与共和国同龄的经济学家李晓西》，香港《前哨》1998年10月刊。

揣着一个梦想：在广阔农村体验生活之后像浩然、柳青那样，写出一部让人掉泪的长篇小说，“要做塞外一枝柳，装点春色一簇辉”。

2007年，我回到40年前下乡的生产队[1]，当时的几位干部都去世了，但我忘不了他们和乡亲们。面对艰苦的大自然，乡亲们是那么乐观。春天播种时，我们在田里摔跤，我常常能胜，因在成都时学过几天摔跤，我为他们说的“穷要欢乐富要仁”所感动；在沙漠中行走，他们那么有方向感，让我佩服不已；在草湖里割草，我从第一名到最后一名，几十人包括小姑娘都超过我，他们还都帮带我一节，我笨手笨脚，急忙中还砍伤了自己的腿；我听乡亲们聊天对话甚至吵架，感叹语言那么生动有趣，真如《红楼梦》里的口语，悄悄地记了两本；作为武装民兵班副班长，在夜间集合骑马执行任务时，我眼花身笨，掉了坐垫还要队友帮忙取回；当想家叹气时，老农说“男人肩上头上七盏灯，一叹气就自吹灭一盏”，让我理解了为什么几千年来中国农民能在艰苦的环境中奋斗不止；每次评工分，我都是标兵工（10分），因为乡亲们看我出汗多，帽子总是湿的；我住房的门环上经常挂有大饼或青菜，不知是谁送的；4年时间，有说不完的感动……在生产队里，我组织了青年突击队，还当上了大队团支部副书记。干活确实很累，晚上下工时我居然睁不开眼，一头撞到树上。一次在大队党员会上我念着文件居然没声了，当着众人的面困得睡着了。这些都是下乡中的小趣事！当然，我

① 附照片：2007年即下乡插队40年后，我回到嘉峪关市长城公社长城一队看望乡亲们，非常高兴与感慨。

也要说一件让人痛苦的事，就是1971年“9・13”事件的发生，让我无法理解，开始反思“文革”。在文件传达中听到对上山下乡的一种解读——“替罪羔羊”，让人心里难受，彻夜难眠。1972年，嘉峪关市招干部，经过大队和公社推荐，我进入市农委工作。临走时，队里特意为我做了一个盛粮食的米面柜，还放了不少我最喜爱吃的“烧殼子”，这让我难以忘怀。回顾我在农村的日子，确实可以说艰苦环境锻炼了我的意志，干农活增长了我的知识，与乡亲们相处加深了我对农民兄弟的感情，在克服困难与解决问题中我变得能干起来了。

2007年回到生产队看望离别了30多年的乡亲们

但事情是复杂的。全国下乡插队有上千万人，命运千差万别，悲喜各有心悟，不能一概而论。一挥手即可决定民众命运，绝非正常，尤其是对超过3年甚至长达8年的“下乡”，对家本在农村的学子，是否“广阔天地”一番，自感大可不必。

自由不能选择，个人失去在学校接受正规教育的机会，国家失去相当长时间的现代化稳定发展，此情此景，唯愿不再出现。

进入市农委工作后，我经常下乡调研，同时有了各种工作机会。在嘉峪关市委党校学习后，我留校当了教员。一个非党员中学生，要给党员科级干部且多为大学程度的人讲课，困难是不小的。由于我在下乡期间自学了马克思的《哥达纲领批判》和恩格斯的《反杜林论》等原著，平时有学习的习惯，还算有一定的理论基础，上课任务总算顺利完成了。1976年12月我加入了中国共产党，在党校工作期间，党组织给了我更多的学习时间，提供了多种了解社会与企业的途径，思想与理论进步不小。

1977年恢复高考制度，党校领导同意给我20天时间集中精力复习。我花费最多时间在数学上，除复习旧课外，我还要自学高三的微积分课程，这样时间就很紧张了。历史、地理没课本可看，就看看地图，以及靠以前的基础了。考试成绩出来了，数学和政治都在80分以上，但原报考的北京大学考古专业不知何故被取消了。我的申报表中还填有中文、历史、政治经济学等，后来我被兰州大学政治经济系录取了。在此，我对已仙逝的党校张仁轩校长和教务处主任杨力老师表示深深的怀念和感激！

二 难忘的大学岁月①

作为七七级本科生，1978年2月我进入兰州大学就读。进校时我既自豪又迷惘。大学生活到底是什么样子的？教授长什么样？图书馆有没有我想看的小说？同学们原来都干什么工作？好多问题，好多打算……答案很快就有了，令人新鲜、令人开心。记得1979年中华人民共和国成立30周年国庆节时，我填了一首《贺新郎》的词，被抄在兰州大学学校黑板报上，赞颂新时代的开始。原词是："革命喜十月，几度风雷长安街，红了枫叶。阵阵关山从头越，老将上马裹铁，重抖擞壮怀激烈。茫茫草地万里程，再一番炒面拌霜雪。奋红旗，挥黄钺。中华崛起动心魄，三十年曲曲折折，好事多磨。炼石补天人安在，悄然诗书事业。老教授烟黄茶烈，正是那丰收季节，喜张衡常卧广寒月。人消瘦，国添色。"这首词表达了改革开放后第一届大学生的喜悦与感叹。4年一晃就过去了，同学们互道珍重，各分东西，走上了自己选择的道路。我到北京继续读了8年书，然后工作。我先在科研部门从事研究工作，后到政府部门搞政策研究，现在在高校当老师。算起来，离开大学也有30多年了，奇怪的是，现在回想大学生活，还历历在目，就像昨天发生的一样。在庆祝母校百年华诞这个大喜大庆的日子里，回想当年的大学生活，那些难忘的老师、同学和趣事，确为人生难得之乐也。

① 本短文系兰州大学百年校庆的约稿，后发表在《甘肃日报》2009年9月19日"庆贺兰州大学百年校庆"版。

1. 难忘的烛光。

七七级的同学们真是能吃苦的一批人！我总忘不了，深黑寂静的夜色中，校园宿舍一个个窗口映出的烛光。学校规定晚上十点断电关灯，让大家休息，但是，很多同学都睡不着，都想多学习一会、多看一会书。大家的心情都一样，觉得有学习机会不容易，一定要好好学点知识，为国家做出贡献。我们班年纪最大的，当时快30岁了，年纪小的，才十七八岁，可是在学习上，大家都那么努力、那么认真。学校图书馆的位子，总没有空的；为通宵学习而开的“不夜城”，也总是人满为患。我班有些同学不仅勤奋，而且天赋极高，学习成绩全优，于是在学习之余编成语词典、编食谱、编逗人的故事。尤其是节日联欢，猜谜语，又快又准，没有难得住他们的。我从实践中得到一句结论，不知对不对——不上本科，就不懂什么叫谦虚。只有经历过那么多次考试，解了那么多道题，自己努力已到了头，没潜力可挖了，但发现还有同学比自己强，才会服气，才知不足，才会放下刚进校时那股天下第一的傲气。这可能适用于很多刚入校的大学生。当然，知不足后，更要努力。能真正做成点事情的，都是几十年如一日努力的人。

2. 难忘的课堂讨论。

在大学学习，一次好的讨论课不仅能启发思考，加深理解，往往还能令人捧腹大笑，既长知识又益身心。且不要将其误解为讥笑，这里充满着善意和钦佩，是对智慧与智慧交锋产生的思想火花或幽默的理解。离开大学后，在工作中很少再有过这样无拘无束的笑，真的好怀念。在讨论中，有的同学神色那么庄重、那么投入，好像是在做具有历史意义的讲演，又好像是为了正义而动员人们，真让人感动；有的同学举最简单的小事，用生活中的语言阐述着非常重要的道理，表明对知识的学习有了一种高度、一种深度，初闻好似荒谬，但细思才觉含义很深，真令人有豁然开朗之感。那个时代的大学生，社会责任感很重，对经济改革与社会发展有着强烈的参与意识，可能是时代使然吧。

3. 难忘的笔记本。

大学时期我们学了20多门课，收获确实不少。每一堂课，我们都在记笔记，4年里记下了几十本，凡是以后可能还要用的，我全保留了下来。我是用最好的笔记本记《资本论》老师讲的课。记得在下乡时，我曾到处找这本书，因为听说《资本论》是指导我们前进的经典著作，最高深的学问都在其中，现在有机会学这本书，我当然很高兴。《资本论》笔记不能留下空缺，否则补起来很难。据我所知，我们班只有一位同学不记笔记，他只在《资本论》书上做眉批，而且多是自己的体会。这样做笔记，考试复习就很难，要把那么厚一本书读一遍且要记住，不容易。但这位同学学得非常好，《资本论》考试也总名列前茅。我们班有一位同学很聪明，发明了一套速记的方法，比如，“资本家”就是字母B上画一直杠，说明是大肚子的资本家要受批判了。他记得很快，记得很清楚，考试总是得高分，只是他的方法别人学不来，他的笔记别人也看不懂。

就这样，我们的各门功课都在记，一本又一本，先在桌子上堆成一个小山，后来放进了床下的箱子里，以后又伴我们走南闯北。每当我看到这些笔记本，就感慨——笔记中凝结着老师的多少心血，也渗透着我们的多少时间、多少艰辛啊。师之教唯认真是取，学之道以勤思为要。

4. 难忘的校园体育。

我下乡几年，饮食不规律，患了胃病，经常疼得彻夜难眠。大学4年，我坚持锻炼，既没吃药也没打针，胃病却彻底好了，一直到今天，胃再没疼过。治病的良方就是体育锻炼。兰州大学重视体育，我们的体育课内容很丰富，我们很认真，也很快乐。倒卷上单杠是我的难项，我腹肌不强，总卷不上去。为通过倒卷上单杠的考试，我每天一大早到操场上反复练习，前后有一个多月时间，我的手上磨出了血泡，血泡又被压成了茧。测试时，我一下就卷上去了，没有丢人，还得了“良好”，真让我高兴。“劳卫制”测试是自愿参加的，我虽然近30岁了，但仍努力争取通过。最苦的要数5000米长跑，或10公里负重。我报了5000米长跑，自以为每天早晨跑步没什么问题，可真跑起来才发现跟不上，越想快越累，结果没坚持下来，中途就恶心呕吐退场了。看到那么多同学坚持了下来，还跑得那么快，我真感到惭愧，也打心眼里佩服那些同学。后来老师让我以200米游泳代替长跑，才通过了“劳卫制”。今天回想起来，我想说，我爱兰州大学的体育场，爱体育场的晨曦，感谢学校领导和体育老师们对我们身体的关心。

七七级的同学们40年后合影于终南山下

难忘的事还有许多许多，让我把昔日的难忘记忆变成今后的努力；把对母校的祝福、对老师的感激、对同学的思念、对人生的感慨，都化作无尽的深思，融入自己的不懈努力中。2017年，我们班同学40年后集体重逢，共聚陕西终南山下，共贺事业上的进展、生活上的幸福。

三　中国社会科学院研究生院的硕士学习

1981年，我大学毕业后随即考上了中国社会科学院研究生院。在1982—1985年的3年时间里，我在中国社会科学院研究生院财贸系学习，1984年底硕士毕业后留在财贸所工作，同时开始博士阶段的学习。我先师从王振之先生攻读价格学硕士，后师从张卓元老师继续专修价格学。

中国社会科学院研究生院是一所改革开放初期才成立的研究院，是为实现新时期国家现代化需要而培养人才的摇篮。校舍是新盖的，学生是年轻的，但它的师资却是中国最有资历、最具水平的一代学者——他们读破经卷，历经磨炼，对人文学科形成了精深博大的创见。它年轻又年老，新生而著名，这样的学府，在古今中外历史上可能是罕见的。中国社会科学院强大的导师阵容，给了我们这批研究生从事研究和学习最有利的条件，使我们在学习阶段就进入当代中国改革理论和实践的最前沿。我们个人的成长、学术的成果、事业的进展，都凝结着导师们巨大的心血。研究生学习时期正值改革开放初期，时代为我们的学习提供了巨大的舞台，导师们为我们的科研提供了良好的条件①。硕士学习期间，我发表了期刊论文和报刊文章若干篇，如下表所列。

研究生院硕士学习期间发表论文一览表

（1983—1985年）

年份	论文题目	所载刊物
1983年	《关于农产品价格补贴的性质与效益》	中国农村发展研究中心联络室内部材料
1984年	《经济统计规律初探》	中国社会科学院研究生院学报《学习与思考》1984年第1期
1984年	《〈资本论〉中的价格理论》	中国农村发展研究中心联络室内部材料

① 部分内容摘自我的《为新世纪鸣放》一文，载于《中国社会科学院研究生院学报》百期致贺特刊，1997年5月。

（续表）

年份	论 文 题 目	所载刊物
1984年	《也谈按边际成本定价——与汪祥春教授商榷》	《南开经济研究所》（季刊）1984年第3期
1984年	《论“劣等地”》	国务院价格研究中心《价格研究资料》1984年第2期（上）
1984年	《论我国农产品价格补贴的改革》	《重庆经济体制改革》1984年第5期
1985年	《广东省农副产品议购议销调查报告》	《红旗》杂志“经济调查资料”1985年第2期
1985年	《论我国农副产品价格体系和价格管理制度的根本性改革》	《成本与价格资料》第5期（上）

回顾这个时期，有太多的话要说，有太多的事要梳理。这里，我想集中回顾一下硕士论文的准备与写作，从而反映我个人走过的这段学术历程。

我的硕士论文题目是《论我国农副产品价格体系和价格管理制度的根本性改革》。1983—1984年，正是农村经济体制改革的起步阶段，改革从计划体制相对薄弱的农村起步。长期以来，国家对农村建制严格控制、集中管理，农民没有自主权；以粮为纲，单一经营；经济体制缺乏有效的激励机制和监督机制，由此导致农村商品经济迟缓，农民收入增长停滞，多数农民没有解决温饱问题。这种情况急需改变。20世纪70年代末期，一场由农民自发的家庭联产承包责任制改革经过激烈的争论，最终得以在全国推行。随着农村家庭联产承包责任制的推行，农民的生产力得到空前释放，农村经济获得很大发展，促进了经济增长。而在中国经济体制改革进程中，必然面临价格体制的改革。价格体制改革是经济体制改革中最关键的一环，因为在任何社会，都必然会遇到三个基本而又相互关联的问题：生产什么和生产多少？如何生产？为谁生产？不同的经济制度以不同的方式解决这些问题。在计划经济条件下，这些问题是由计划部门来确定的，而从计划经济走向市场经济时，这些问题就要由市场来决定。市场是通过供求关系影响商品或劳务价格来发挥作用的。人们按一定价格得到收入，按一定价格购进商品或劳务，如果对一种商品或劳务的需求增加，就会使商品或劳务的价格上升，使其产量增加；反之，则价格下降，产量减少。因此，是否能让市场供求来决定价格，是经济体制改革中关键的问题。

作为价格专业的研究生，适逢中国农村经济改革兴起，农产品价格的形成、确定成为最热烈的话题。因此，很自然地，我在参与农产品购销体制与农产品价格改革实践，以及大量调研的基础上，完成了自己的硕士论文。

完成硕士论文有三方面的良好条件：一是时代背景与现实的需要，为我们调研、思考提供了巨大的舞台；二是处于中国经济改革理论前沿的导师们，为我们参与各种重要会议提供了非常好的条件；三是我在价格理论上做过较长时间的认真探究，这也是我报考商业经济与价格专业的原因。下面就这三方面分述之。

第一，时代背景与舞台。我国价格改革首先是从农产品价格开始的。虽然农村经济体制改革先行一步，取得了成绩，但农产品价格体系也率先遇到了适应新形势的问题。农产品价格改革的最大难点是原来“统派购”的重要农产品的价格改革。1984年“中央一号”文件指出，“要继续调整农副产品购销政策”“要随着生产的发展和市场供应的改善，继续减少统派购的品种和数量”。中央文件确定的这个方向完全正确，它反映了社会经济生活内在规律的要求，顺应了我国经济改革的历史潮流。与此同时，它又给经济理论工作者提出了这样的问题：随着经济改革的深入，随着“统派购”缩减趋势的不断发展，是否有一天“统派购”会失去自己的历史地位？那时候还需不需要计划收购？如果需要，这种计划收购会采取何种形式？以计划经济为主、市场调节为辅的原则又该如何体现？

1984年，广东率先放开了部分农副产品的价格管制，实行市场价格。一个阶段内农产品价格上涨很快，引起了消费者的不满。价格差异造成了粮油、生猪收购的流向出现问题，引起了周边省份的意见。农产品价格放开与价格差异，引发了对农产品价格体系改革的争议，广东“率先一步”的做法是应肯定还是纠正，需要研究。带着这些问题，在中央书记处农村政策研究室杜润生主任的支持和王岐山处长的直接指导下，我组织研究生同学于1984年2～3月份，对广东省放开农产品价格后的情况进行了大量调研。参加调研的有中国社会科学院1981级经济系的樊纲、崔培胜，他俩是学习西方经济学的；顾秀林，是学习农村经济的；巩文波，是学习商业经济的；我是攻读价格专业的。还有中国人民银行金融所研究生刘自强，他是金融专业的；人民大学研究生张帆，他是学习消费经济的。根据王岐山处长的要求和广东省农委的安排，我们去广东的广州、肇庆、深圳、东莞等地进行了近一个月的调研。受中央机关委托调研国家大事，大家都有一种使命感和责任感，人人都对调研工作高度热情，极为认真。调研是相当紧张的，记得每天睡不了几个小时，因休息不足，我一直晕车。这是最艰苦，也是最有意义的一次调研。

经过实地调研和多方听取意见，我们认为广东价格改革的方向是正确的。我对“广东放开农副产品价格的重点是把一些‘统派购’改为‘议购’”给予了坚决支持，如把水果、鱼类分为三类，随行就市。我归纳了“议购议销”的两大作用：一是促进了生产，二是搞活了流通。而且农产品尤其是放开力度最大的鱼类产品，增产快，价格下降也很快，消费者很高兴，我们也看到了市场调节的力量。此行之后，每个人都写了报告，分别涉及金融、财政、内外贸、流通等各个方面，形成了共计10万字的报告集。我执笔写了一份名为《农副产品购销体制面临新的突破》的综合性报告，全文3万多字，是所有调研报告中最长、涉及面最广的一篇。我的报告以农副产品购销体制改革为主线，描述了“议购议销”对生产、流通、消费等各方面的影响，对全国议论比较多的“广东放开农产品价格引起混乱”“广东滥发工资和奖金”“广东发展靠少上缴利润、多发票子”等进行了调查，论证了由农产品价格改革引发的城市分配领域的“混乱”具有其合理性，指出对广东“奖金滥发”的指责是站不住脚的，因为广东发放的工资（含奖金）总额占广东省国民收入的比重基本稳定，其增幅低于全国平均水平。我认为广东企业上缴利润少，这是事实，但同时存在的是广东工商税收在财政收入中的比重上升快于全国，因此，这个趋势主流是符合改革方向的。总之，我用事实驳斥了类似的指责，旗帜鲜明地支持了广东在农副产品流通体制上进行的改革探索。报告中有各类数据表24张，这里仅举其一，即从调查分析看，广东省并没有滥发奖金。

工资占国民收入比重

年份	1979年	1980年	1981年	1982年	1983年
广东	21.6%	22.1%	22.1%	22.6%	预计23.2%
全国	13.9%	20.9%	20.8%	20.8%	—

从表中可见，这几年（1979—1983年）广东省发放的工资（含奖金）总额占省国民收入的比重基本稳定，其比重增加尚低于全国。但从各单位看，即从微观看，滥发奖金的现象则是大量存在的，这需要统筹分析并解决，但以此来否定广东省价格改革显然说服力不足。再深究下去，这篇报告涉及的新问题是：农村生产关系变革引起农副产品流通领域的变革，又冲击到城市消费，进一步迫使分配领域改革，因此，不仅需要对农产品流通体制改革有一个新的说法、有一个明确的态度，而且要看到农产品流通体制改革这种趋势将进一步影响城市经济管理体制的改革，将出现继农业生产体制改革后的第二次大改革。

中央农村政策研究室领导对我们的调查给予了很高的评价。调研回来后，王岐山同志又组织我们在北京讨论了几次，还直接组织、安排向杜润生主任汇报了一次。我的这一篇报告很快被中央农村政策研究室的《农村问题论坛》杂志全文发表了，杂志负责人黄鸣处长的果断和敢于负责任的精神，令我至今难忘。黄鸣处长阅审了我的稿件后马上拍板，在最短的时间内，将3万多字全文发表，题目定为《农副产品购销体制面临新的突破》。此后，在1984年《红旗》杂志第4期的“内参”上，又转载了2.4万字。在这份报告里，我提出了粮食等主要农副产品统购统销体制的实质性改革，主要思路是：“建议形成以议购议销为主，以换购、代购为辅，以统派购为临时应急手段的新购销体制。”报告认为，议购议销是计划性与市场调节的结合，粮油的议购议销价格是指导性的计划价格。

这里需要说明的是，我的调研报告分析的是购销体制改革，实际上回答了农产品价格改革的方向问题。因为在农产品价格改革中，真正成功之处不是找到如何定价的办法，而是走放宽农产品价格管理权限的路，要承认农民是商品生产（经营）者。我国主要农产品的价格是随着购销形式走的，不是离开购销形式单独存在的。改革前，中国农产品分三类管理——统购、派购和议购。粮、棉、油是统购，这是从1954年开始的。我的建议实质是要取消粮油统购，改为粮油议购，价格随行就市，但收购主体仍是国家粮食部门。我认为，购销方式的根本改革，是农产品价格改革的根本出路。而其中，最重要的是要解决如何制定粮、棉、油的收购价格问题。一言以蔽之，议购议销有可能取代“统派购”的地位，成为基本农副产品的主要购销形式。基于此，我从理论上概括了一套“议价革命思路”，力图从实际出发，回答如何取代实行30年之久的统购统销模式的重大问题。

顺便要介绍一下，这一时期，有一批青年知识分子参与了农村改革，做出了应有的贡献。最先活跃在农村改革第一线的是农村发展研究组（简称“发展组”），其中有陈锡文、杜鹰、周其仁、邓英淘、罗小朋、宋国青和林毅夫等人。他们在中央书记处农村政策研究室（1988年改名为“中央农村政策研究室”）的领导下，坚决支持农村改革，做了不少关于农村大包干的调研活动，为中央决策提供了重要的根据。[①]在发展组成功模式的影响下，后来又有一批研究生组织了流通与市场研究组（简称“流通组”）。这个组的首届负责人是蔡小鹏，后来是卢迈和刁新申，我和中国社科院研究生院的巩文波、张学军、张少杰等是主要成员。流通组的主要工作，就是为农研中心在农产品流通体制改革的决策上提供调研报告及建议。

第二，理论前沿的导师们。汇报了“时代提供的机遇”后，再介绍一下中国经济改革理论前沿的导师们，他们为我们参与各种重要会议提供了非常好的条件。在导师们的支持下，我们这批研究生有机会参加全国性的学术讨论会，在全国最有影响的杂志和报纸上发表文章，与全国学术界中的优秀人物建立联系。记得第一次跟随张卓元老师和我的硕士导师王振之老师参加的会议，是1984年11月在江苏常州市召开的中国价格学会第三次年会；第二次则是1985年12月在

① 2018年4月，我看到一则微信消息，介绍与评价安徽小岗村40年的变化情况，反思甚至否定当年联产承包的改革。1992年我曾在《中农金报》上分析过相关问题，发表了《为什么我国农业家庭经营似乎比大规模经营更有优越性》的文章，此文章后被收入我所著的《转轨经济笔记》（广东经济出版社，2001年出版，第432页）中。文中我肯定了20世纪80年代初的农村改革，对比分析并预测了农业今后的发展，请有兴趣的朋友查阅指正。

广东中山市召开的中国价格学会第四次年会。两次会议规模很大，讨论的是当时最引人注目的价格改革及其目标模式。在这样重要的会议上，我有机会提交了我的两篇调研报告，其中一篇是《论我国农产品价格补贴的改革》。这篇报告分析了农产品价格应如何补贴的问题。因为当时流行着两种观点：一种是说农产品价格改革要取消对农产品的补贴，使农产品价格的形成不受国家行政的干预；另一种更有影响的观点是，任何国家对农产品都要补贴，因此，中国也不可能取消农价补贴。我在研究、比较了若干国家农产品的价格情况后发现，虽然各个国家都不同程度地存在农产品价格补贴，但补贴的方式是不同的。发达国家主要是补给生产者，而我们国家是补给国家粮食部门，是商业型的补贴。如果把产品价格补贴进行分类，让补贴转型，由补流通转变为补消费，将会对形成新的农产品价格体系起到关键性的作用。该论文的新见解就在于对产品价格补贴的分类上。应该说，该论文这种见解对产品价格改革起到了一定的作用，几年后，国家在产品价格改革中实行了消费者补贴政策。这篇文章发表在《重庆经济体制改革》1984年第5期上，那是1984年全国价格理论讨论会后，《重庆经济体制改革》杂志负责人周天豹校友将其选中而登载的。周天豹是中国社会科学院研究生院第一届研究生，虽然与他接触不多，但其热情和积极参与改革的形象，仍给我留下了深刻的印象。他英年早逝，令人惋惜。在1985年的中国价格学会第四次年会上，我提交了广东省农副产品购销与价格改革的调研报告，我的硕士导师王振之老师非常认可且支持我的观点，我在其主编的《成本与价格资料》第5期上全文发表了我的硕士论文《论我国农副产品价格体系和价格管理制度的根本性改革》。此后，这篇文章入选1985年第二次全国中青年经济理论会（天津）优秀论文。在导师的支持下，我还参加了浙江莫干山中青年经济学者和国务院发展研究中心、国家体改委等各部委的多次会议和调研，这使我提高了立足点，增长了见识，开阔了眼界。

第三，价格理论上的探究。我再汇报一下我个人在价格理论上做过的较长时间的探究与思索，而这是我完成农产品价格改革论文的理论准备。

这里主要介绍两篇相关价格理论的研究成果。第一篇是《论“劣等地”》，其发表在国务院价格研究中心办公室和国家物价局物价研究所合办的内部刊物《价格研究资料》1984年第2期上；第二篇是《也谈按边际成本定价》，其发表在《南开经济研究所》（季刊）1984年第3期上。还有一些研究成果，如《〈资本论〉中的价格理论》，被载于中国农村发展研究中心联络室的内部材料上，作为认真学习《资本论》后的归纳，在此不再赘述了。

为什么要调研并写出《论“劣等地”》一文呢？因为改革初期，在如何为农产品制定价格的讨论中，一些学者从理论深度的研究角度，提出了制定农产品价格要以劣等地的农本为依据。那么，在制定农产品价格上，如何做到这一要求呢？我写这篇论文的本意，是对农产品价格改革中提出的“按劣等地定价”的观点进行一番研究，看到底行还是不行。而要搞清楚这个问题，第一步是要搞清楚什么是“劣等地”。带着这个问题，我先后去河北省新城县和甘肃省酒泉县对农业土地分等级问题进行了调查。新城县农业区划委员会土壤组把该县土地划分为五个等级，新城县泗庄公社宋辛庄伙大队张炳生大队长在回答土地分等级问题时说："我们把土地分为五等。一等地出两茬没问题，一茬小麦、一茬秋。二等地出两茬差一点，三等、四等地是沙土地，不能种麦子。五等地土质差，地远，浇水条件差。有的二等地比一等地打粮多，这一看管理，二看地块碎不碎，太碎了不够人踏的。"酒泉县泉湖公社春光大队书记对我说："我们这全是黄土地，分等级只看产量，我们把土地分为三个等级。"可以看到，农民主要根据土壤肥力和产量来评定土地等级，有时还考虑土地宜种面。我认为，这种土地分类方法不仅简便易行，而且很有道理。是否能这样从理论上归纳：土壤肥力是土地分等级的内在尺度，产量是土地分等级的外在尺度，土地宜种面是土地分等级的辅助尺度。其实，古人也有过土地分等级的论述。我查阅了相关文献，看到早在5000年前的夏代，古人就根据肥力高低把土地分为三等九级。所谓"禹别九州，随山浚川，任土作贡"，即指禹把全国划为九州，把土地分成若干等级，按等级贡赋。所谓"庶土交正""三壤成赋"是指把全部土地分成三等以贡赋。出处可查《尚书·禹贡》。春秋时代，在《管子·地员》中讲到，按土壤肥力高低，可将土地概括为三等十八种。上述这两篇文章是世界上有关土地按肥力高低分等级、分类的最早文献。

在调研分析中，我特别针对这样一些关系进行了分析：一是劣等地和劣等自然条件的异同；二是劣等地概念的两重意义，即"劣等地"是政治经济学的概念，还是土壤学的概念，或者兼有这两门学科意义上的概念；三是劣等地与土壤肥力的关系；四是土地分等级与土壤分类的关系；五是土地分等级与农业区划的关系。这里，仅列举我对劣等地和劣等自然条件的异同的一点分析。我认为，关键在于如何理解“土地”的概念。狭义的“土地”概念与“自然条件”的概念差别较大，广义的“土地”概念则与“自然条件”概念比较一致。狭义的“土地”概念是把土地等同于土壤，而不包括气候、河流、生物等自然条件。也就是说，两个概念在外延上有很大的差别。马克思在论述土壤肥力时，也曾从狭义上来运用土地概念，他说，“随着文明的进步，人们不得不耕种越来越坏的土地”。显然，这里的“土地”就是指土壤，因为只有土壤才可以“耕种”。当我们从广义的角度理解“土地”这一概念时，劣等地与劣等自然条件这两个概念比较一致。马克思曾指出：“经济学上所指的土地是指未经人的协助而自然存在的一切劳动对象。”（见《资本论》第一卷第668页）在马克思的一些论述中，土地概念的外延还包括原始森林、草原、矿产，甚至气候等。在现实中，随着对土地的研究越来越深入，越来越多的人倾向于把土地与土壤区分开来，趋向于从广义上把握土地概念。如联合国粮农组织1972年在瓦格宁根召开的土地评价专家会议上提出：土地包含地球特定地域表面以及以上和以下的大气、土壤及基础地质、水文和植物，它还包含这一地域范围内过去和目前人类活动的种种结果，以及动物就它对目前和未来人类利用土地所施加的重要影响。从实际出发，本文所论述的“土地”是以狭义概念为研究对象的。进一步分析，劣等自然条件与劣等生产条件差别较大。就农业而言，其生产条件不仅包括自然条件，还包括非自然条件，如农业机械化水平、耕作技术水平、生产管理水平、交通运输条件等。在运用这两个概念时，应有所区别。

调查研究后，我得出一个结论，即土地分等级具有很大的相对性或模糊性。进一步的结论就是：从自然科学角度看，劣等地分等级是有可能的，即使分等级中有很大的相对性；但如果回到市场上，加入供求因素，相对性就变大了，以至于按劣等地定价已不可行。两年后我发表在《成本与价格资料》上的《农产品价格改革的回顾与思考》一文，有一个章节专门论述按劣等地定价是否可行、合理。其观点是：按劣等地定价的思路是从成本角度出发的，以为按成本就可以定价，但是，价格是由供、求两个因素决定的，因此，还是离不开需求因素，还需要回到市场价格上来。仅仅从生产角度、生产因素投放角度判断价格形成的合理性是不够的，甚至是不行的。如果再明确些地表达，就是按劣等地定价在实践上是行不通的。只要我们主张并坚持按市场价格，在市场价格的形成背后必定会有一个按劣等地成本与价格相逼近的过程，但这不是具体的定价方法，而是对价格形成的理论分析方法。回过头看，应当说，这是一篇下了很多功夫的研究报告，参阅了大量古今中外、自然人文方面的资料，还在两个省的农村进行了调查，花了好几个月的时间才完成了写作。

下面，再简单介绍一下第二篇研究成果《也谈按边际成本定价》，这是探索价格形成有代表性的思考之一。20世纪80年代初，西方经济学刚刚被介绍进来，中国经济学界吹过一阵新鲜的季风，各方面尤其是年轻人对此反响强烈，也有不少老教授认真研究和分析西方经济理论，其中汪祥春就是这样一位难能可贵的老教授。他在价格学界最早开始对边际成本问题进行研究，并发表了一些文章，被价格学界视为这方面的先行者。我的《也谈按边际成本定价》是受汪教授启发写成的，虽然说是“与汪教授商榷”，但内心里充满着敬意。文章对汪教授的两个观点提出了不同意见：一是“按边际成本定价”是否是一种具体可行的定价方法。汪教授持肯定态度，我则持否定态度。我认为，“按边际成本定价”是价格形成理论的一条原则，不是具体的定价方法。二是“按边际成本定价”方法是否具有独立形态。汪教授认为“有”，我则认为不过是供求规律决定价格的具体化。这两个观点都是重要的观点，需要进一步搞清楚。这篇文章从侧面反映了20世纪80年代初期我国价格改革兴起高潮的前夕，价格学理论界对如何定价更科学、更合理持不同见解的探讨情况，对正确认识西方经济学理论、运用西方经济学理论于改革实践，还是有一定意义的。1983年底，南开大学经济研究所孔敏教授前来北京开会，向我约稿，我就把这篇已完成但尚未决定投向的稿子交给了他。当时我担心，这种学生与老师商榷的文章，估计杂志不会用，但后来全文发表在《南开经济研究所》（季刊）1984年第3期《争鸣》栏目上。汪教授对我及这篇文章，都表示了他的宽厚之心。记得在文章发表后的一次价格理论研讨会上，汪教授非常亲热地主动和我打招呼，说：“杜厦不久前毕业答辩，很出色。你们这一批年轻人不简单，功底很好，大有前途。”这一下打消了我的担心：我怕汪教授会不高兴，会不再理睬我这个冒失的研究生。老教授的鼓励，让我感动至深，很多年过去了，这段细节我仍难以忘怀。一个在中国社会科学院研究生院攻读价格专业的硕士生，向价格学界一位颇有建树的老教授提出不同意见，确是“初生牛犊不怕虎”，这种劲头，现在可能少了。

总之，在攻读硕士研究生期间，时间比较紧，居住条件也比较差。当时中国社会科学院研究生院借用了北京“十一”学校的房子，一间房住五六个人。经济类专业虽分了不同的系，但同学们仍在一起学习、一起生活，充满乐趣。不少同学工作后承担了重要工作，对社会有较大影响，如我班的樊纲、陈东琪、王振中、崔培胜、左大培、顾秀林、秦朵、李庆增、巩文波、张迪垦等，人人活跃，个个出彩。同届的还出了一批省部级干部，如郭树清、楼继伟等。2005年，我们班同学聚会，纪念毕业20周年，照片把重逢的瞬间变成了永久的回忆。

硕士研究生同学毕业20周年后的聚会留影

四 中国社会科学院财贸所在职博士的工作与学习①

博士研究生学习阶段最值得一提的是在张卓元老师的指导下完成博士论文。我的博士论文研究与分析了中国的通货膨胀并与国外做了比较。与硕士论文完成的三个有利条件相同，博士论文的完成也同样有三个方面的有利条件：一是时代背景与现实的需要，这为我们调研思考价格尤其是通货膨胀提供了巨大的舞台；二是导师提供了在国际舞台进行比较研究的条件，同时对我的博士论文选题与写作进行了高水平的指导；三是博士论文答辩会上的诸多意见和建议，对我修改和完善论文以至于后来的研究工作帮助很大。下面就这三个方面分述之。

第一，时代背景与现实的需要。20世纪最后的20年，社会主义国家在经济体制改革中，无一例外地出现了通货膨胀，有的国家的通货膨胀还相当严重。如何对待改革中出现的通货膨胀，成了国内外理论界和决策层关心的大问题。我国此期间出现的中度通货膨胀，已影响了经济的稳定和改革的深化，从而引起了我国经济学界对通货膨胀问题的关注和重视。1978—1990年，我国的价格水平一直是上升的。其中，1985年以后的5年，价格总水平上升的幅度比前5年高。若社会零售物价指数以1978年为100%来看价格上升情况，

① 部分内容摘自我所写的《二十八年师恩重于泰山——贺张卓元老师八十寿诞》，载于《价格理论与实践》2013年第6期。

则1985年为128%，1986年为136%，1987年为146%，1988年为173%，1989年为203%。价格总水平的上升情况是严峻的，需要进行研究，尤其是要对价格管理体制和经济体制改革的前景有一个判断，对宏观经济政策提出符合实际解决问题的建议。可以说，20世纪80年代到90年代中期，通货膨胀持续困扰我国。

这里列出一张简单的表，仅从1988年的讨论就可以看到当时国内对通货膨胀的关注。

1988年部分关于通货膨胀的文章一览表

年份	作者	题目	出处
1988年	刘国光	《重视通货膨胀问题》	《经济日报》4月5日
1988年	张卓元	《我国物价上涨的原因和对策》	《光明日报》4月23日
1988年	薛暮桥	《通货膨胀与物价上涨》	《光明日报》6月30日
1988年	王　健	《如何认识当前的物价问题》	《光明日报》7月9日
1988年	王金存	《对苏东国家价格改革的几点思考》	国家体改委国外司研究报告1988第1号
1988年	史　敏	《南斯拉夫通货膨胀急剧恶化和失控的原因》	国务院发展中心材料1988第42号
1988年	王大树	《匈牙利的通货膨胀与控制措施》	国务院发展中心材料1988第59号
1988年	高新林	《台湾的三次通货膨胀及其对策》	《经济社会比较》第3期
1988年	张康琴	《关于苏联的通货膨胀原因与对策》	国家体改委国外司研究报告

可以看到，学术界和国家重要的研究机构高度关注中国改革中的通货膨胀，并提出了各自的分析及政策建议。当然，如果在更长的时间段，查更多的文献，就可以进一步看到，关于通货膨胀的理论与解释的学派很多，确实各有各理，难以一概而论。如：什么是通货膨胀，理解不一样；是要反对和控制通货膨胀还是要利用温和通货膨胀来刺激经济发展，对此也有分歧；“提高利率可以抑制通货膨胀吗”，多数学者认为可以，但以弗里德曼为代表的货币主义者则认为这不是问题的关键。还有，通货膨胀会进行国际传递吗？如何看待对外开放中的外债、外汇及外资的影响？总之，在一定意义上，能否正确认识并解决通货膨胀问题，已是关系改革能否继续进行及能否取得成功的关键性问题。

第二，导师的指导和支持。这对选好论文题目及高质量完成论文非常重要。

1986年，我第一次出国，这也是我确定博士论文题目的起点。那次是随张卓元老师访问、考察南斯拉夫，去了解价格改革与通货膨胀情况的。当时，国内学术界对东欧经济体制改革很关心。南斯拉夫是最早摆脱苏联模式，转向市场经济轨道的经济改革试验场。早些年，南斯拉夫经济的迅速发展引起了世界的注目， 进入20世纪80年代以后，南斯拉夫经济的不稳定性和高通货膨胀又成为人们广泛关注的问题。

我国经济学界人士不断前往南斯拉夫实地考察，对其通货膨胀原因已有了各种各样的分析。 我们的考察旨在弄清以下问题：在引起通货膨胀的诸多因素中，各种因素的相关关系如何？什么是起主导作用的因素？南斯拉夫的通货膨胀属于哪一种类型？南斯拉夫联邦政府反通货膨胀的政策为什么没有控制住通货膨胀？在高通货膨胀下，南斯拉夫社会为什么能保持安定？南斯拉夫经济发展的趋势怎样？

访问考察时间起于1986年10月23日，止于11月6日。我们先后去了塞尔维亚的贝尔格莱德、斯洛文尼亚的卢布尔雅那和克罗地亚的萨格勒布三个城市，考察了三个共和国的各类市场。我们与南斯拉夫几十位经济学家讨论了南斯拉夫的经济形势，拜访了南斯拉夫物价部门和银行，与一些企业、家庭以及我国驻南斯拉夫使馆工作人员、留学生进行了广泛的交流。以下是当时访问南斯拉夫的一张照片。

我们获知，南斯拉夫通货膨胀已持续了17年之久。20世纪70年代南斯拉夫年通货膨胀率在10%～30%之间，是中度

1986年10月于贝尔格莱德

通货膨胀；80年代南斯拉夫年通货膨胀率在30%～100%之间，是高通货膨胀。从我们了解到的材料来看，20世纪70年代南斯拉夫通货膨胀是需求拉动与成本推动混合型的；80年代南斯拉夫通货膨胀则是由债务危机、国际收支巨大逆差和工资上涨而引发的一场成本推动型的通货膨胀。为扩大出口，不仅其货币第纳尔不断贬值，而且造成了国内商品短缺；而进口的原材料价格上升，工资费用大幅上涨，也均成为形成通货膨胀的因素。政府通过紧缩货币来反通货膨胀，但由于通货膨胀属于成本型推动，这种政策反而减弱了市场的供给能力，加剧了供求失衡，助长了通货膨胀。考察后，我们得到的启示是：要避免国民收入超分配，要重视外贸进出口在国内总供求平衡中的作用，要处理好国内统一市场与区域市场的关系，价格改革与所有制改革要配套进行，特别是要用市场机制而不能单靠行政手段来控制价格水平，等等。回国后，在张卓元老师的参与和指导下，调查组分别在《财贸经济》1987年第2期和1987年2月7日《经济日报》上发表了考察报告，前一个报告是张卓元老师安排赵一新老师起草的，后一个报告是张卓元老师为锻炼我而让我起草的，题目是《南斯拉夫通货膨胀试析》。

国内形势与国际转轨国家的突出问题，使我下决心就通货膨胀问题写出自己的博士论文。现在回过头来看，正是在张卓元老师的引导下，我确定了博士论文的主题。

对我完成博士生学习并借助有利的国际条件完成博士论文的另一件大事，是前往世界著名的伦敦经济学院（LSE）访问学习了10个月。1988年，中国社科院和英国伦敦经济学院进行了一项合作研究，主要是研究中国的价格结构和市场结构。张卓元老师派我和石小抗以高级访问学者的身份，到著名经济学家尼古拉斯·斯特恩（Nicholas Stern）教授主持的国际经济研究所学习与工作。斯特恩教授后来去世界银行任过副行长，近些年提出了关于气候变化有名的《斯特恩报告》，并经常来中国和印度考察，关注全球经济发展，是一位世界级的著名学者。具体指导我们研究的是侯赛因（Athar Hussain）教授，一位具有英国国籍的巴基斯坦人，他充满爱心并很热情，我就住在他家里。在英国学习与研究的这段时间，我除完成研究报告外，还在学院图书馆里找了不少资料，为博士论文做准备。记得图书馆的书库里，在“价格”（The price）书架上没有通货膨胀（Inflation）的书与资料，而在“金融”（The finance）书架上却有不少通货膨胀方面的书。我白天在学校学习，晚上去英语补习班补习，非常辛苦。我还参加一些活动，接触到不少朋友，练习了自己的口语，还翻阅了相关的英文资料。在博士论文中，我引用了很多国外有关通货膨胀的文献，特别要指出这受益于一本书，即英国剑桥大学出版社1986年出版的赫特穆特·弗里斯（Hetmut Frisch）教授的《通货膨胀理论》（*Theories of inflation*）一书。此书对当时各种新的通货膨胀理论与著述进行了综合分析与评价，内容丰富且有理有据，为我写通货膨胀理论的国际比较，提供了最有价值的参考。

在英国伦敦经济学院学习访问时，还有一个重要收获，就是关于如何形成遏制通货膨胀体制的微观基础有了新的成果。我常与伦敦大学法学博士肖志岳讨论关于国有企业改革的问题，提出了“从两权分离到两者分离”的思路。背景是：我在研究通货膨胀时，发现企业的收入分配超过劳动生产率的经济负效益是通货膨胀的微观成因。怎么办？国有企业股份制改革有什么理论上的不足？我的结论是：用以推进国有大中企业改革的“两权分离”理论确实是有不足的。“两权分离”存在着逻辑矛盾。所有权包含占有权、使用权、受益权、处分权，而“占有、使用、处分”这些权利本身又构成经营权。也就是说，所有权本身就包含着经营权。那么，两权如何分离得开？因此，应当是经营者与所有者的“两者分离”，这是以两权的统一为基础的，换句话说，它是建立在“两权统一”基础上的两者分离。现实意义是：所有者不仅享有了所有权，实际上还享有了部分经营权，比如股东就享有部分经营决策权，如对企业经营方向的干预，而企业则享有受益权。这点具有很重要的实践意义，它是在肯定国有财产所有权的前提下，使企业获得所有权——一种与经营者身份相对应的所有权，使企业实现自负盈亏具有了现实基础，同时承认了国家通过财产所有权进行间接调控的必要性，是坚持公有制条件下深化国有企业改革值得选择的出路。这将有助于国有企业尤其是具有垄断地位的大国有企业实现国家控股的股份共有制，因而可自动地控制过度的消费倾向及解决经济负效益问题，大大减弱通货膨胀的基础推动力。这些内容，也构成了我博士论文的一部分。

写到这里，我要再次感谢张卓元老师，他让我这个主学俄语、以英语为第二外语的博士生，能有机会去世界上最好的经济学院学习经济理论与英语。可以说，这次访问和学习对我完成博士论文起到了重要作用，也是助推我走向英语世界的启蒙之旅。从英国伦敦经济学院开始收集资料到1989年秋天完稿，经过一年多时间，张卓元老师为我提供了大量的参阅资料和良好的研究条件，并在百忙中认真审阅了长达20万字的初稿，提出了许多宝贵的修改意见。

第三，博士论文答辩及此后的修改与完善。这里要表达我对价格学界权威师长们的感谢之情，要感谢导师和7位答辩老师。1989年10月进行博士论文答辩时，吴敬琏老师是答辩主席。答辩用了一个上午的时间，问题提得很尖锐，回答也许还算得体。比如，吴敬琏老师提出：既然大家都认可“通货膨胀始终是一种货币现象”，那么论文里提到的成本推动型通货膨胀是否存在？其他类型的通货膨胀是否具有合理性？这涉及我论文的核心，因此，我既要恭敬但也要坚持基本观点。我答辩的大意是，虽然通货膨胀始终是一种货币现象，但通货膨胀形成并不始终是货币成因；关掉印钞机并不等于消除了通货膨胀。当时好像开了句玩笑：“派飞机炸了印钞厂，但并不能炸掉通货膨胀。”此言一出，各位老师都笑出了声。吴敬琏老师非常认真和严谨，会后让我去了他在国务院发展研究中心的办公室，用了40分钟仔细介绍了这些年国内经济学界的各种观点，并提出了三个“加强”的意见：一是加强转轨型通货膨胀这条主线，二是加强自1985年“巴山轮”会议后对中国经济学界有关通货膨胀争论的评述，三是加强国别经济的现实比较。在此，对吴敬琏老师的教诲表示深深的感谢与敬意！王绍飞老师说，他曾用了八天时间仔细审稿，我答辩时他从金融的角度提出了许多宝贵意见，并建议博士论文出版时题目可由《通货膨胀比较研究》改为《现代通货膨胀理论比较研究》，这些我均接受了。杨圣明老师对我论文评价之高与审阅之严是对称的，他曾写下“通货膨胀理论小百科”的阅后感，同时对论文中有关消费膨胀的论述和经济负效益指标的观点提出了深刻的修改意见，促使我进一步核对、修改了统计报表。王振之老师是我的硕士导师，也是我攻读博士学位的辅导老师之一，他对我经济研究甚至生活方面给予了宝贵的支持和亲切的关怀，本论文形成中渗透着他的关爱之情，在此，对这位已逝的恩师表达深深的感谢与怀念之情。戴园晨老师审阅完全书后，做出了“既有广度又有深度”的评价，使我增强了研究的信心，他的修改意见还促使我完成了《通货膨胀与预期》这一章。价格学界的前辈路南、乔荣章老师，作为答辩委员会委员，对论文的肯定与批评都十分中肯、务实。尤其是路南老师对论文“文笔流畅，有文采”的评价和乔老师“政策建议有价值”的评价，给了我极大的鼓励，我接受了这两位工作在国家价格研究第一线的专家的政策分析修改意见。可能因为这次答辩是中国社会科学院财政与贸易经济研究所的第一次博士答辩，听老师讲也是中国第一位价格学博士生的答辩，所以社科院科研局很重视并安排了两位老师参加，科研局还为此次答辩会专门出了一期“院内通讯”稿。

答辩后，根据老师们的意见，我用了半年的时间修改和补充，论文稿从20万字修改补充至28万字，之后提交给中国社会科学出版社，并于1991年2月正式出版了。这里要感谢中国社会科学出版社的华飞、韩玉良编辑，感谢《财贸经济》杂志社的林旗等同志，他们认真负责，使本书能以较快的速度和较高的质量问世。在论文基础上形成的《转轨过程中的结构型通货膨胀》于1994年发表在《经济研究》第3期上，在学术界获得好评并获得了第一届“薛暮桥价格研究奖”。

当然，这里重点要回顾张卓元老师对我博士论文的评价和鼓励。在《现代通货膨胀理论比较研究》的“序”中，张卓元老师写道：“李晓西同志这部以他的博士论文为基础的书，是我国经济学界关于通货膨胀国际比较研究中较为系统而又有独立见解的一部专著。本书展示的学术文献相当广泛，对国外各学派观点的介绍颇有深度，并能力求用马克思主义观点做出自己的分析，显示出作者比较扎实的理论功底。”“我想对本书作者提出的新的通货膨胀的类型——转轨型通货膨胀谈谈看法。这是一种从历史角度分析通货膨胀的尝试。现在有一种倾向，就是在分析通货膨胀问题时，摆脱不了西方经济学对通货膨胀的分析框架，用它们的‘需求拉上’来说明我们的‘需求拉上’，用它们的‘成本推进’来说明我们的‘成本推进’，等等。我想指出的是，中国现时出现的通货膨胀，与西方发达国家出现的通货膨胀有很大区别。前一阶段，我们在认识本国的通货膨胀现象中，通过借鉴和比较，着重加深了对通货膨胀基本的、一般的特征的理解，但是要解决中国通货膨胀问题，还必须有对中国的通货膨胀特殊性的系统认识。这里，提出一种新的分类方式就十分重要了。因为，新的分类意味着理论框架的变化，而不仅仅是个别概念的创新；新的分类意味着对通货膨胀特殊性将有系统的解释，意味着对以前的通货膨胀理论基本内容的继承。因为，新的分类是力求在新的框架下去重新挖掘已有的理论的新的含义。‘转轨型通货膨胀’这种新的分类是力求在新的框架下重新挖掘已有的理论的新的含义。‘转轨型通货膨胀’这种新的通货膨胀类型的提出，其意义就在于力求把经济条件相对稳定时期出现的通货膨胀与经济条件剧变时期（如体制改革时期）出现的通货膨胀加以区分，因而为通货膨胀的研究开拓了新的途径。”“本书中外古今，旁征博引，读起来饶有兴味。其对各种学派的评价是客观的，也是有一定深度的，这与作者本人在国内外刻苦学习是分不开的。这部专著是作者的阶段性成果。我很高兴见到本书的出版，并希望它拥有许多的读者。”“序”比较长，写于1990年5月，是张卓元老师一个字一个字撰写的，以上仅摘录了部分内容。我要再次说一句：衷心感谢导师的鼓励与批评，帮助我走上了科学研究的道路，帮助我在国家以需求为导向的科研道路上不断前进。

下面，同硕士阶段一样，也列出一个学习成果的表格吧。

在职博士学习和工作期间发表论文一览表

（1986—1993年，每年选两篇）

年份	论文题目	所载刊物
1986年	《论经济体制改革中的所有制问题》	《兰州大学学报》1986年第3期
1986年	《统一的市场价格目标模式》	中国人民大学《经济理论与经济管理》1986年第12期
1987年	《1986年汇价调整的效果分析》	国务院发展中心1987年第116号材料
1987年	《从双轨制到市场化》	《财贸经济》1987年第12期

（续表）

年份	论文题目	所载刊物
1988年	《深化改革的战略选择》	《经济研究参考资料》1988年7月号
1988年	《中国价格结构研究》（合著）	山西人民出版社，中国社会科学出版社
1989年	《论“两者分离”和“双重所有权”》	《经济师》1989年第1期
1989年	《弱增长与强改革》	《经济学周报》1989年5月28日
1990年	《在治理整顿中深化改革的几个方面》	《改革》1990年第1期
1990年	《关于九十年代外债问题的若干意见》	《经济学动态》1990年第6期
1991年	《通货膨胀压力的衡量、成因及释放》	《经济研究》1991年第10期
1991年	《近似均衡论》	《数量技术经济研究》1991年第12期（上）
1992年	《我对“社会主义可以搞市场经济”的理解》	《财贸经济》1992年第8期
1992年	《社会主义市场经济条件下的货币政策》	《金融研究》1992年第10期
1993年	《社会主义市场经济条件下的财政体制初探》	《财政研究》1993年第1期
1993年	《关于我国跨国企业集团的组建和经营》	《中国工业经济研究》1993年第1期

五 国务院研究室八年的政策研究

1993年，我进入国务院研究室，在宏观经济司从事研究工作。在这个岗位上，我接触到了中国经济大量活生生的问题，看到了中央领导、研究室领导与各地领导解决各类问题的方式方法，提高了从现实出发来分析问题和解决问题的能力。我深深怀念在中南海八年的工作生涯，对领导与同事们的支持怀着衷心的感谢之情。概括来说我们的研究工作，就是为政府领导的决策服务，如起草领导讲话稿、文件稿、新闻稿、调研材料，完成送阅件和决策参考，参与法规修改等。对我们的工作要求是增强服务意识、责任意识、质量意识，多为国务院领导提供高质量的研究成果。根据“学术自传”这套书的要求，我先列个简表汇报一下我在国务院研究室宏观经济司工作的科研情况。总体上讲，宏观经济司研究的主题是宏观经济形势分析与预测，一般上、下半年有报告。涉及的研究领域重点是财税、金融、区域经济、外资、外贸及宏观经济政策对企业的影响等。

宏观经济司工作简表

（1993—2001年）

年份	研究的题目及各种形式的成果摘介
1993年	（1）《浅议社会主义市场经济条件下的宏观调控》（《中国金融》1993年第3期） （2）《社会主义市场经济条件下的财政体制初探》（《财政研究》1993年第1期）

（续表）

年份	研究的题目及各种形式的成果摘介
1994年	（1）《试论推行“分税制”的意义和条件》（《财贸经济》1994年第1期） （2）《试论专业银行向商业银行的转化过程》（《金融研究》1994年第7期卷首） （3）《新形势下的引进外资战略》（《生产力研究》1994年第3期）
1995年	（1）《外汇占款对通货膨胀影响之我见》（《国际金融研究》1995年第5期） （2）《墨西哥金融危机调研报告》 （3）《我国汇率制度及走势分析》 （4）《中国地区社会经济协调发展研究》 （5）《东三省国有企业调研》 （6）《有组织地解决银行与国有企业的债务债权关系》 （7）《中国台湾地区考察观感》 ……
1996年	（1）《增长方式根本转变中的政府行为》（《中国工业经济》1996年第2期） （2）《转轨时期区域政策的目标、特点、效益及评价》（《经济改革与发展》1996年第7期） （3）组织完成多个单位参与的引进外资系列专题；组织区域经济发展的多个专题报告 ……
1997年	（1）《基本法是香港经济长期繁荣的保证》（《广东社会科学》1997年第4期） （2）《社会主义市场经济应该是个什么样子》（《国际经济评论》1997年第12期） （3）完成“国企改革与非公经济发展”的多个报告，“正确认识引进外资”报告 ……
1998年	（1）《积极发展非公有制经济》（《金融时报》1998年2月18日） （2）《再议非公有制经济与社会公平之关系》（《财贸经济》1998年第9期） （3）完成“国际金融与金融安全”的多个报告，“封闭贷款效果及问题”报告 ……

（续表）

年份	研究的题目及各种形式的成果摘介
1999年	（1）《评国际金融体系改革的目标和内容》（《国际经济评论》1999年第5期） （2）赴法、德、意考察欧元启动的影响及欧洲央行货币政策；主持完成外经贸部和OECD委托课题“中国投资环境研究”的报告；参与西部大开发若干调研 ……
2000年	（1）专著《宏观经济学：转轨的中国经济》（首都经贸大学出版社，2000年出版） （2）参与起草中央主要领导的讲话稿30份，提交室领导参考的内部文稿18份；主持完成中国政策研究会委托的“中国社会保障体制的基础条件”课题；主持完成国家科委委托的“全球气候变化公约、能源结构调整及对我国影响”课题 ……
2001年	（1）《我国的战略性资源问题》（《学习时报》2001年2月26日） （2）《新世纪我国战略性资源的状况和对策》（《中国石油》2001年第4期） （3）安排两个调研组去广东、广西、浙江和云南做实地调研，参与“加入WTO后，我国金融、保险业改革与发展中的热点、难点问题研究” （4）组织完成上半年《宏观经济形势跟踪分析》报告 ……

下面我从“点”的角度，分析在此期间自己学术历程进展的内容。

第一件与学术相关的是：在国务院研究室宏观经济司，我对宏观经济管理与调控的理论性思考。

具体来讲，是对宏观管理和宏观调控体系自身改革的思考。这既是基于我对实际工作的感受，也来自我多年理论研究的基础。就此，我写了一篇《试论宏观调控体系的改革趋势》，发表在《金融研究》1996年第4期上。编辑部对其很重视，将此文列为头篇，并在文前加了一个“编者按”。文章讲了三个问题：一是宏观管理和调控的主体分析，二是宏观调控的客体分析，三是宏观调控手段的分析。下面摘要简介之。

先分析第一个问题。宏观管理和调控的主体似乎人人都明白——“是国家”“是中央政府”，可是进一步考虑，这二者是一回事吗？诚然，现在在很多场合，“政府的宏观管理与调控”和“国家的宏观管理与调控”是作为同义语在使用，不少重要的论文甚至文件在讲宏观调控与管理时，甚至无须用主语。除有过一些关于“地方政府是否也是宏观调控主体”的讨论外，我们还很少甚至几乎没有看见区分国家管理与政府调控方面的论文或著作。但仔细推敲“政府的宏观管理与调控”与“国家的宏观管理与调控”的异同，就会发现这两种提法的含义是相当不同的。“国家”与“政府”应当是有区别的。马克思明确区别过“国体”与“政体”的不同含义。这里，我们从经济管理的角度区分一下二者的不同。国家对经济的宏观管理体制应当包括三大部分：一是人民代表大会作为立法机构对经济的管理职能，这是我国健全法制的重要部分；二是以中央政府为代表的宏观经济管理和调控体系，这里有政府的经济管理职能及其各种机构；三是以最高法院、最高检察院为代表的执法和监督机构，它们以法律为准绳，维护国家和人民的利益，保障经济的正常运行。显然，国家对经济的宏观管理和调控在范围上应比政府对经济的宏观管理和调控大得多。在某种意义上，政府的宏观管理和调控只是国家管理的一个组成部分。十四届五中全会文件《中共中央关于制定国民经济和社会发展“九五计划”和2010年远景目标的建议》（以下简称《建议》），第一次提出了“规范政府行为”。谁来规范政府行为？显然，国家的代表——人民代表大会首先要负起这个责任。进一步讲，把“国”与“政”加以区分是一方面，另一方面，“宏观管理”与“宏观调控”的含义也有不同。“宏观管理”相对“宏观调控”更为稳定，是对包括中长期经济行为在内的所有经济行为的规范，而“宏观调控”更多的是对短期（具体是年度）经济波动或经济中出现的问题的纠正。因此，在多数时候，我们应将国家对宏观经济乃至整体经济的管理，称为国家的宏观管理体制，把政府对经济波动的调节活动称为政府的宏观调控。对宏观管理和调控的主体加以区分，意味着在国家管理的层次上，进一步理顺不同管理主体的关系，进一步明确各自承担的责任，进一步区分法律手段、经济手段、行政手段的关系。

下面再来分析第二个问题，即关于宏观调控的客体。这个问题实际上是要分析调控什么、调控谁。具体来讲，“宏观调控”是调控市场、调控企业，还是以调控市场为主及调控企业为辅的混合调控。早在20世纪80年代末期，党的十三大有关文件就提出了一个著名的口号“国家调节市场，市场引导企业”，这对改革宏观调控起了相当大的作用。十四届五中全会的《建议》再次明确了社会主义市场经济条件下将实现一种以间接方式为主的宏观调控体系。政府宏观调控的任务是要保持经济总量的基本平衡，主要是总供求的平衡。在实际操作中，在市场经济条件下，调控总需求成为主要的方面。一是因为企业成了市场主体，而不是政府的附属品，要靠市场力量来调节其活动，政府不直接进行生产管理，而应更多地通过外部环境来引导企业。二是因为需求调控是对全社会一切经济实体产生影响，尤其是对市场的总需求规模产生影响，进而间接地对全体企业和经济体产生影响。政府对供给面的调控，只是对部分企业，是结构性的有限优化和调整，是对少数行业和企业进行制度上的规范和投资上的计划，多涉及中长期的产出，而不是年度生产能力或短期产量的调整。进一步讲，政府经济管理包括在经济出现波动时的宏观调控和一般条件下正常的经济组织（含供给管理）的活动，政府对供给的管理，如产业政策、国有企业的管理、行业管理等，是政府经济管理的一个组成部分，“供给管理”严格来讲不属于政府为年度经济目标而进行的宏观调控。经济的宏观管理更注重制度的建设，更注重为中长期结构优化和总供求平衡服务。

把政府的经济管理与宏观调控在范围上加以区分是有现实意义的。此处可举一个例子：1994年我国畜产品大丰收，1995年畜产品生产大滑坡，导致价格猛升，引起社会购买的紧张。有人认为这是政府宏观调控的失误，政府应控制畜产品价格甚至饲料价格上涨。但行政性地控制某种产品的价格是宏观调控的职责吗？市场供求的变化应由企业来预测和决策，还是应由政府来做呢？分清两种管理职能的各自职责显然很有必要。我们不必要求政府宏观调控去干预供给，而是应当完善市场机制，以及鼓励企业做好市场需求的预测。

再来分析第三个问题，即政府的宏观调控手段，即研究宏观调控怎样“调”，通过什么渠道来实施调控。十四届五中全会的《建议》提出，“完善宏观调控体系的重点是，建立计划、金融、财政之间相互配合和制约，能够综合协调宏观经济政策和正确运用经济杠杆的机制”“按照政企分开的原则，转变政府职能……真正转变到制定和执行宏观调控政策，搞好基础设施建设，创造良好的经济发展环境上来，把不应由政府行使的职能逐步转给企业、市场和社会中介组织”。这里对宏观调控体系改革以及政府职能画出了大致的轮廓。显然，计划、金融、财政这些是宏观调控的主要手段，政府要在制定和执行宏观调控政策上做更多的努力。而搞好基础设施建设属于政府经济管理职能中最具现实意义的部分。就完善宏观调控手段问题，我想提出一个具体的设想，叫“宏观调控手段的细划分、总配套”。什么是“细划分”呢？我认为，现在我们讲宏观调控还是比较粗略的，比如讲货币和财政政策，用“适度从紧”就可以概括了。但什么是“适度从紧”？一般的理解是：适度从紧的货币政策，是指货币供给量要紧一些；适度从紧的财政政策，是指要控制财政赤字，支出要紧一点。但这样的理解太简单化了，是对货币和财政工具没有细分的结果。就适度从紧的货币政策而言：是否要将贷款规模的增长控制在某一个计划数上？是否要求提高利率？是否要求提高准备金率？是否要求加大在公开市场上抛售公债和各种政府发行的有价证券？是否要求提高央行的再贴现率？是控制还是允许直接融资？等等。就适度从紧的财政政策而言：是要普遍提高税率，还是部分提高税率？是要增加新税种，还是保持甚至调减税种？是减少中央政府财政支出，还是减少地方政府财政支出？是要减少预算赤字，还是保持预算赤字？是要扩大还是缩减重点项目，是扩大还是要缩减财政的转移支付？等等。由此可见，“适度从紧”这种目标，应是合力的结果，而不是指每一项政策都以同样的力度去从紧，这就要求我们对政策工具进行细的划分，对其合力有一个系统的研究。同时，要在货币、财政政策之外，考虑计划手段、收入政策和对外政策的大配套，即“总配套”。特别是在宏观调控政策中，不要忽视或低估收入政策的作用。在国外，有工资指导政策工具，有劳资之间的制约性要求，这个政策有助于实现总供求的基本平衡。“总配套”，就是要找到可用于需求调控的各种政策工具，使各种政策自身对达到政策目标有一种配合，以实现总的政策目标。

第二件要汇报的学术性工作是：1998年，我作为考察团团长，带着相关部门的几位学者赴四个国家进行了关于金融危机的考察。

1998年4月6～25日，受国务院研究室委派，我邀请了中国人民银行货币政策委员会副秘书长易纲博士、南方证券总公司副总牛仁亮博士、中国银行研究所国际金融研究室副主任鄂志寰博士、国务院研究室沈晓晖处长和国务院办公厅王晶副处长等，组织了一个东南亚金融形势考察团，赴泰国、新加坡、印度尼西亚和韩国，对金融危机进行了考察。考察团与四国的金融管理局、中央银行、财政部、产业管理部门、证券管理部门、大学、研究机构进行了座谈。这次考察的情况与报告，于1999年3月在中国人民大学出版社以《亚洲金融危机实地考察》为名正式出版了，我为主编，全书35万字。

出国前，我们对考察的主题和重点进行过认真讨论，经国务院研究室领导指点，我们定了几个方面的题目：一是亚洲金融危机发展趋势具体到了什么程度，是要结束还是仍会出现新高潮，是谷底还是会发展；二是亚洲金融危机对我国经济中长期的影响到底有多大，具体了解和分析金融危机对中国产生的正、负影响有多大，中国有无可能在人民币汇率稳定中获取经济利益；三是金融市场开放与监管的关系如何处理，如何在开放条件下，防范国际金融危机。

出国考察需要选择有代表性的国家，不可能所有受金融危机影响的国家都去。为什么要选这四个国家呢？因为泰国是金融危机首先冲击的国家，不能不去；印度尼西亚是在东南亚地区受金融危机影响最大的国家，其经济发展走势对这个地区能否走出困境具有重大意义，因此也应去看看；新加坡受金融危机影响不大，有成功的做法，也值得登门拜访；韩国是东亚国家，受金融危机影响很大，是国际货币基金组织（IMF）支持金额最多的国家，其大企业的成败尤其令世人瞩目，所以也值得一去。去考察什么“危机”，显然是令当事国不快的题目，因此，我们起名为“金融形势考察团”。访问的部门和具体题目，要事先确定，以便有关方面安排，这就反映在书中四张考察日程初步安排表上了，后来的安排完全是按照我提供的日程表进行的。在签证过程中，八天时间要签四个国家，相当不易，外交部亚洲司胡副司长和出口签证处的同志为此做了很多工作，我们深深感动。

为什么要编《亚洲金融危机实地考察》这本书呢？记

得我们在泰国考察时，一天早上，大家围桌而餐。易纲博士说：“这次来东南亚、东亚四国，20多天时间，将许多的见闻、大量的资料，编一本书提供给国内学者，是极有价值的。前年我们去台湾考察时间比这短，出了本书，极受欢迎。”这个建议引起了大家的兴趣，于是很快达成共识，并对如何写好这本书进行了初步规划。该书突出了考察的过程，将每一次座谈会的内容都详尽地记录了下来，反映了这几个国家政府、企业和学术机构对当前经济、金融形势的判断，反映了我们的关心和对问题的理解。回头看，感慨万分，现场累计6万字的记录是我这个团长边主持会议，边用笔记本电脑敲出来的。该书收录了国际货币基金组织（IMF）与泰国、印度尼西亚、韩国谈判协议的中英文原件，这在国内是第一次公开与读者见面。我们尽力收集全部谈判的文本，但还有三份没有得到——三国政府各有一份与IMF的协议是保密的，不愿公开。此外，我还组织翻译了《韩国金融产业结构改进法令》和《泰国金融机构重组规定》这两份材料。这些材料是当事国摆脱金融危机的具体办法，非常实用，有直接的借鉴价值，是从带回国的几大包材料中精选出来的。该书收录了中国驻当事国有关机构如大使馆、中国银行等有关研究人员的研究报告，这是近距离观察的成果，是来自前线的分析，应该说是很有价值的。

这次考察是很成功的。国务院研究室领导桂世镛主任对考察做过重要指示，提出了明确要求。我们在新加坡考察时，他在电话里关心地说“要劳逸结合，不要太累了”，这使我们深受感动。我国驻四国的大使馆，中国银行驻泰国、新加坡和韩国分行的领导和工作人员，对考察给予了大力支持，这是我们考察能得以顺利进行的前提条件。沈晓晖处长除尽心尽力地负责考察团的事务性工作外，还出色地完成了其承担的研究报告。王晶副处长承担考察团的会计工作及四国币种的兑换，这使其开辟了考察团的“国际清算”业务，创造了“无差错”工作法，显示出了她的细心和专业化的业务能力。鄂志寰副主任认真的工作态度和极高的国际金融专业水平，使她成为考察团中完成研究工作量最大的人。易纲博士一流的英文水平，为考察团的活动大增光彩；而回国后，他利用休息时间，审校了10多万字的翻译稿，更反映了他中西文化结合的高水平。牛仁亮博士宽厚的为人、智慧的提问、精练的概括，给大家留下了深刻的印象。考察成功是集体的努力、是共同的志趣、是团结的结晶。

这里，就我起草的《东南亚金融、经济危机走势及对我国经济的影响》专题报告，摘几个在今天看来也有学术性价值的观点介绍一下。报告首先提出要从汇率、短期外债与股价变动三方面看金融危机走势。汇率变动是金融危机最先发生和最具力度的反映指标。国际金融危机，说到底是一国金融机构、企业对外商和外资金融机构的支付危机。对外支付困难，源于美元不足，以致外汇市场上本币汇率贬值。明确合理的汇率水平有助于判断市场汇率偏离程度。产生金融危机的直接原因，是短期外债比重过高，短债长用，搞非生产性投机。高估且稳定的汇率和利率，刺激了大量短期外债流入，炒股票和搞房地产，造泡沫，获虚利，结果不能按期还债，就出现了支付危机。20世纪90年代后成立的大批金融公司，在向海外短期融资方面起了很大的作用，现在正面临关闭或整顿的局面。股价指数能反映金融危机，股价会因外资大规模抛售股票而大跌，也会因上市公司外债偿还困难而大跌，股市和股民信心的动摇，又会加深股价震荡。通过实地考察与分析，东南亚和韩国金融实力尤其是外汇储备能力受到严重损伤，但经济发展的基础没有被摧毁。高达30%的储蓄率、良好的基础设施、较高的教育水平、开放的贸易体系都是有利条件。报告明确指出，东南亚国家和韩国经济用3年左右时间可以恢复。本次考察之后几年东南亚国家和韩国经济的发展情况证明了这一判断是成立的。

报告提出了化解和利用东南亚金融危机的五点政策建议：

第一是分阶段地、灵活地把握“人民币不贬值”。我国政府领导人关于“人民币不贬值”的表态，受到四国政要和学者的极大敬意，在政治上和经济上是非常成功的。个人认为，需要在“人民币不贬值”的大题目下进行小调整。“人民币不贬值”的一年期含义是维持人民币1997年平均汇率水平不变。“人民币不贬值”的两年期含义是维持人民币1997年和1998年两年的市场汇率水平不变。若1998年人民币市场汇率小幅下降，则可顺势对人民币汇率做小调整。此阶段人民币目标汇率可能低于当前含义的汇率水平，但仍略高于市场汇率。“人民币不贬值”的三年期含义是人民币不相对升值。两年后，东南亚、韩国经济在恢复，国际竞争力提高，我国产品出口压力加大，资本市场对外更开放，人民币需要根据市场汇率适时做较大调整，使我国出口能在平等基础上参与国际竞争，也防止国际游资利用汇率高估进行冲击。

第二是积极推进与东南亚各国的经济贸易合作。东南亚金融危机也为我国提供了新的机会。东南亚国家开放商品市场，取消对部分商品的垄断，降低了某些商品关税，有利于我国扩大出口。我国大西南各省（区）劳动力成本低，资源丰富，已与东南亚国家有过较多接触，初步形成了澜沧江—湄公河区域经济合作的意向，现在是落实合作的好时机。

第三是借鉴正、反两方面的经验，推进金融体制改革。首先，金融体制实现开放与监管同步。东南亚金融危机产生的原因之一是开放过快、监管无力，国家宏观管理出现大的漏洞。当前重点是加强对外资固定回报率、利用远期信用证借债、外资银行担保的内债转外债等变相外债的管理，坚决防止出现债务偿还危机。其次，提高外汇体制应变能力。我国坚持有管理的浮动汇率制度是必要的。现在看来，需要在“灵活调整”和“适时浮动”上进行制度化的改进，提高应变的灵活性。应继续保持强大的外汇储备以应不测，外汇储备应包括防止国际金融风险部分。最后，要解决好银行与企业的关系。东南亚金融危机不仅是债务偿还的危机，也是债权损失的危机。东南亚国家和韩国，大规模地整顿金融机构和大企业，成本比较大，对经济影响比较大。我国早已开始了对金融机构的整顿，这是必要和及时的。现在可以通过借鉴，加快整顿速度，提高整顿质量和效果。

第四是调整结构，发展高新技术。信息产业越发达，信息工具越完善，对付金融冲击的能力才越强。金融危机促使我们加大科教兴国、发展知识经济的力度。

第五是加强与国际货币基金组织的技术合作和经验交

流。在这次金融危机中，中国决定在IMF框架内提供援助，这是明智的、正确的，既获得了受援国的好评，也加强了与国际金融机构和西方大国的合作，有必要继续加强这方面的合作关系。

第三件与学术更与开放有关的事，是关于坚持对外开放与中国参加WTO的理论性分析与宣传。

自20世纪90年代初以来，在是否坚持开放等不少热点问题上都有了争议。比如：引进外资能否以市场导向为主？需不需要加强对引进外资的宏观管理和调控？直接引进外资是否应将政策的地区倾斜改为产业倾斜？如何合理评估国有资产，防止国有资产流失？如何看待坚持对外开放与保护民族工业的关系？等等。这段时期，对相关的争议，我组织过征求各界意见的会议，也发表过一些观点①。

在召开全国第一次引进外资大会前夕，在听取各方意见后，对政策上如何看待“保护民族工业”的提法，我曾对中央领导同志提出过我的建议，后来我的建议得到了采纳。我的建议是：“民族工业”的提法，作为研究人员和社会公众的呼声，没有什么不对，甚至是积极的，有助于鼓舞民众尤其是企业家的奋发图强精神。但作为政府的政策用语，我认

① 我发表的关于引进外资的部分文章有：《新形势下的引进外资战略》，发表在《生产力研究》1994年第3期上；《外商投资十大问题分析》，发表在《开放潮》1994年第3期上；《人民日报》1995年10月17日用一个整版刊登过《立足国情，确立正确的引进外资战略——就引进外资诸问题与李晓西博士对话录》；《谈谈提高利用外资水平中的辩证关系》，发表在《中国党政干部论坛》1997年第1期上；《外资不是“虎”》，发表在《中华工商时报》1997年1月21日“答记者问”上。

为要特别慎重。具体来讲：在引进外资中，港台资本占到70%，现在的政策是视同外资。那它们到底算外国资本还是民族工业？合资企业是民族工业还是外资企业？是以股份大小还是以人力资本大小来划界？如何回答来自少数民族地区的问题：为什么以前称他们的工业为民族工业，现有政策是否有变化？还要防止国外舆论界中一些人别有用心，把我们讲民族工业与民族主义联系起来挑事。因此我认为，政府要慎用此词，建议采用“内资工业”一词来达到同样的目的。

有一项任务我感到很重要，这里对此回忆，表达对领导和同志们的怀念。根据我的工作记录，1999年12月18日上午，国研室尹成杰副主任交代给我一项任务：用三天时间写一篇文章，旨在阐明我国为什么要加入世贸组织（WTO)。国研室桂世镛主任非常关注这份稿件，在我用三天时间完成初稿后，他提出四条修改意见：一是在阐述WTO需要中国时，要说明WTO的前身是什么、功能是什么、为什么发展了；要讲清中华人民共和国成立50年来取得的成就，特别是中国近20年的发展情况，以证明中国不参加，WTO就不完整。二是要讲中国需要WTO，要说清中国闭关发展是不行的。中国参加了另两个国际组织和联合国，这些都起了很好的作用。加入WTO利大于弊，要高度概括一下。三是要讲双刃剑。全球化是机遇，也是挑战。由于经济全球化是在现在力量格局下形成的，西方国家会把它的体制模式强加进来，并控制和“剥削”其他国家，因此，面临挑战。中国趋利避害，需要有权利与义务的平衡，需要考虑主权、尊严和经济安全。四是要防止两种倾向。一种是认为进入WTO是

“卖国”，另一种是认为“进去就好，不讲条件”，这都是片面的。从布置文章到2000年1月5日初步定稿不到20天的时间里，稿件被先后修改过5次。在写作中，我参考了沈晓晖和陈祖新两位处长分别提供的《加入WTO后我国应采取的对策》和《对WTO一些认识澄清》的参考建议稿，也参考了中国企业家调查系统就中国加入WTO问题对3562位企业经营者进行问卷调查的汇总。经领导审定后，此文以《世贸组织需要中国，中国需要世贸组织》为题，在中国人民外交学会办的《外交》（季刊，英文版）3月期（署名Guo Yan）上公开发表了。由于此事重大，故将其中的观点摘要介绍，可以说这代表着国研室（进而讲是政府）的基本态度，是理论学术为实践服务的重要成果。在此，我想借对本文的写作回顾，向已去世的桂世镛主任表示深深的怀念，也向国研室的老领导们和同事们对我的指导、支持与关心表示深深的敬意。

原文摘要如下：

最近一个时期以来，我国加入世界贸易组织（简称WTO）的谈判取得重大进展，引起全国广大干部群众的关注。加入WTO是我国改革开放过程中的一件大事，对中国经济在21世纪的发展具有深远影响，对近期经济增长也有积极意义。

经济全球化发展趋势及世界贸易组织

经济全球化是当今世界经济发展的潮流。这个潮流是从20世纪70年代以后一步步发展起来的。其形成主要源自四大因素的影响：一是发达国家为了摆脱经济衰退和危机的困扰，主张放松国家之间的经济管制，打破各种保护主义壁垒；发展中国家为了加快本国经济发展，纷纷开放市场，实行外向型发展战略。二是20世纪70年代布雷顿森林体系解体以后，国际货币体系出现多元化发展趋势，国际间资本的流动性大大增强，为经济全球化助了一臂之力。三是跨国公司经济实力迅速扩张，其投资和贸易活动将世界各国的经济更紧密地联系在一起，国际分工深化和贸易网络扩展进一步把全球经济编织成一个整体。四是20世纪90年代以来，以信息技术为中心的新技术革命，缩短了时空距离，刷新了经济联系方式，加快了经济全球化进程。

WTO是各国与国际经济体系联系与合作的重要桥梁。参加WTO是参与经济全球化的重要渠道之一。WTO的前身是1947年成立的关贸总协定（简称GATT），这是一个由各缔约方政府签署的关于贸易问题的多边协议。半个世纪以来，GATT为加强世界经济联系和交流，推动各国降低关税，促进生产要素的自由流动以及制定一套国际贸易规则，做出了重要贡献。20世纪90年代以来，世界经济变化很快，需要有新的涵盖面更大的规则及相应的国际组织来协调，经过五年酝酿和协调，于1995年在GATT基础上正式成立WTO。WTO与世界银行、国际货币基金组织，并列为当今世界三大国际性经济机构。

世界贸易组织需要中国

中美两国就中国加入WTO达成协议后，世界各国官方代表、世贸组织官员和媒体反应热烈，纷纷表示欢迎和祝贺。世界需要中国，世界贸易组织需要中国，这是因为中国在世界经济中有特别重要的地位。据世界银行估算，1997年我国的经济总量已跃居世界第七位，许多重要工农业产品总量居世界第一、第二位。对外贸易总额在世界贸易中的排名已由1978年的第32位上升到第11位。1978—1998年，我国实际利用外资总额累计达4069亿美元，连续多年成为世界第二大的资本输入国。显然，在世界贸易体系中，中国以其经济贸易规模和发展潜力巨大而举足轻重。在世界贸易体系中，中国以其比较优势与各国经济互补互利。正因为如此，没有中国这样一个最大的发展中国家参加，WTO是不完整的；没有中国参与制定规则，WTO的规则适用范围是很受限制的；没有中国这个巨大市场加入，国际市场难以实现真正的统一。

中国是一个负责任的大国。中国对东南亚金融危机的态度和处理方式，以及为加入WTO进行的持久不懈的努力，更加深了世界人民对中国的认识和理解。中国一贯主张，世界需要一个公平、安全、非歧视的多边贸易体系。加入WTO意味着中国将承担与权利相应的义务，与其他成员积极合作，为制定更加合理、公平、符合现代经济发展潮流的贸易规则进而为世界经济的繁荣共同努力。

中国需要世界贸易组织

社会主义市场经济体制是我国经济改革的目标，改革开放是中国特色社会主义的显明特点。邓小平同志指出："关起门来搞建设是不能成功的，中国的发展离不开世界。"中国加入WTO，将有助于充分利用国际资金、技术、管理和市场资源，早日把我国建成强大的社会主义市场经济国家。

加入WTO有助于促进我国经济发展。这将会使我国在135个WTO成员方和地区取得无歧视的贸易待遇，减少多边和双边贸易中的摩擦和压力；美国国会对我国一年一度的所谓最惠国待遇审查将被取消，美国等主要贸易大国将不得不减少、取消对中国出口商品不同程度的贸易歧视措施。加入WTO将使外商对中国投资环境和发展前景更有信心。加入WTO将促进我国技术进步、产业升级和经济结构调整。加入WTO，也将有助于我国在改革中借鉴反映新情况的市场规则，更好地促进社会主义市场经济体制的形成和完善。一国经济地位得到提高，其政治地位也会相应提高。加入WTO后，还有利于两岸尽快实现“三通”，有利于促进内地与港澳台的经济合作，促进中华民族和平统一进程。

我国加入世界贸易组织的谈判过程及原则立场

经济全球化是一把双刃剑：它既加快了世界经济的发展，又在全球范围内扩大了贫富差距；既推动了国际贸易和资本市场的大发展，也给一些国家的经济安全和金融体系带来不稳定因素。参与经济全球化是以经济实力为基础的，因此，发达国家在经济全球化中起了主导作用；发展中国家在获得资本和技术的同时，也增加了遭受外部冲击的风险。不久前发生的世界性金融危机就充分表明，国际资本的巨额流动和国际金融投机活动的规模，远远超过许多国家的抵御能力。

我国为“复关”和加入WTO的谈判过程，是趋利避害、参与世界合作与竞争的过程。1986年，我国正式申请恢复GATT缔约国地位。1988年，GATT开始审议我国的外贸体制。1992年10月，党的十四大确定我国经济体制改革目标是建立社会主义市场经济体制，引起GATT广大缔约国的热烈反应。GATT内设的中国工作组决定，结束对中国外贸体制的审议，谈判进入实质性阶段，即市场准入谈判阶段。1999年5月8日，在美国轰炸我国驻南斯拉夫联盟共和国大使馆后，中央果断决定中止与美国关于中国加入世界贸易组织问题的双边谈判。此后，美国政府多次向中方提出，希望恢复谈判，并做出一些承诺，几经曲折，谈判得以重新开始。经过双方共同努力，1999年11月15日，中美两国最终就中国加入世界贸易组织达成双边协议。

在加入世贸组织这个问题上，要防止两种倾向：一种是夸大加入WTO给我国带来的外部冲击，惊慌失措，怨天尤人；另一种则认为只要“入世”就是成功，不用讲什么条件，盲目乐观，看不到挑战。正确的态度是，要认清形势，抓住机遇，迎接挑战。随着我国“入世”的临近，要一个行业一个行业地提出规划，落实应对挑战的措施；要提高工业、农业、服务业等各行业企业的国际竞争能力，尽快建立现代企业制度，建立技术创新体系，提高参与国际竞争的能力；要加强立法和执法工作，对我国贸易、投资和知识产权保护等各方面的法律、规章进行全面清理，制定新法规，使我国既承担在WTO中的义务，也能享受相应的权利，促进我国经济在改革开放中更快更好地发展，并为世界经济的繁荣和进步做出自己应有的贡献！

这里再顺便简单介绍一下“入世”后两年我的几次宣讲情况，主题是：如何看待中国加入世贸组织？我在中国社会科学院研究生院、北京师范大学、“50人经济论坛”组织的长安论坛、青海省政府、北京市金融学会、审计署培训班、全国省级台联领导干部培训班、首都图书馆、上海财经大学、辽宁营口市等场合，结合自己的体会畅谈“入世”的意义。我在讲演中强调，十月革命一声炮响，送来了马列主义；十五年反复谈判协商“入世”，同意后送来了一大套协议。“入世”表明世界承认中国，支持中国按平等的规则走向法治，这是百年来没有过的，其意义非常之大——经济上利大于弊，政治上稳定了基本格局。相信再过50年回头看，对这件事的意义才会有真正的历史性的深入认识。记得在青海省政府，我讲演的主题是“面对WTO的‘五眼并用法’”，我借用了于光远先生讲的“肉眼、火眼、慧眼、法眼、天眼”的五眼分类，讲了“慧眼看政府，法眼看规则，天眼看趋势，肉眼看自己，火眼看对手”。2002年12月16日，我在第二届香港经济学会双年会上做了“‘入世’后中国经济形势的变化”的讲演，主要讲了三个方面的内容：“入世”后我国产业结构的变化趋势、“入世”后我国政府经济职能的转变、“入世”与我国对知识产权的保护。2001年和2002年，我在杂志和报纸上发表了近十篇谈WTO的文章，其中，《求是》2001年第22期《WTO与政府管理体制的创新》比较集中地反映了我的观点，主要有：加入世贸组织是党中央、国务院根据国际国内经济发展形势，高瞻远瞩，总揽全局做出的重大决策，这对我国经济和社会各方面将产生重大而深远的影响。我国直接成为经济全球化的一个部分，国际竞争将更加激烈。这种竞争，从表面上看是企业之间的竞争，但其背后是政府管理方式、机制、职能与效率的竞争。我们必须正视“入世”对政府管理体制的重大影响。对此，我的观点是：在市场经济体制基础上进行政府管理体制改革与职能的转变，高效率的现代行政管理制度才能适应“入世”的形势需要，要确保国内相关法律法规与世贸组织规则和相关义务一致，要建设与国际接轨的外经贸体制。我建议要处理好严格履行WTO协议与从我国实际出发的关系，包括：研究并利用世贸组织为发展中国家提供的某些保护措施，支持企业发展；在不违反世贸组织规则的基础上，从中国国情出发，制定一些有助于本国经济发展的政策；关注并参与贸易争端的解决，对企业进行“入世”的辅导和帮助；等等。

一眨眼，我就在国研室工作8年了。2001年6月5日，在中南海北区的国研室三楼会议室，国研室的新主任魏礼群同志宣布宏观司新司长任命时，特别讲道：今年3月晓西同志提出要求想调走，主要理由谈了三条，室党组经过讨论，同意了晓西同志的要求。这几年，在晓西同志的主持下，宏观司做了大量的工作，党组对三年来宏观司的工作是很满意的。这几年宏观司工作搞得好的主要原因：一是桂主任亲自抓，二是晓西、志理两位司长带头作用发挥得好，三是宏观司全体同志的共同努力。国研室在同意我调往高校后，魏主任还亲自来北京师范大学就我的工作安排与校领导进行了沟通。在此，我想再次感谢国研室历届领导和同事们对我工作的关心与支持，感谢在这个极为宝贵的平台上所收获的历练与治学体验。

六 北京师范大学科研教学的十八年

2001年，我来到北京师范大学（以下简称“北师大”）从事教学工作，实现了我“在社科院破万卷书，到国务院行万里路，去高校培育万棵树”的理想。来到高校，相对自由，但并不轻松：教学任务不轻，科研调研不断；以实践充实理论，以课题培养学生；未敢虚度光阴，自己的科研治学又多了一份宝贵的历练。

下面，列出这些年发表的论文，因为此期间发表的论文与报刊文章篇数较多，故这里一年只选两篇列表如下，作为我近十八年科研工作情况的汇报。

在北京师范大学工作期间发表的论文一览表

（2001—2018年，一年选两篇）

年份	论文题目	所载刊物
2001年	《信息技术产业对国民经济影响程度的分析》	《经济研究》2001年第12期
2001年	《WTO与政府管理体制的创新》	《求是》2001年第22期
2002年	《试论我国卫生资源的合理配置》	《中国卫生经济》2002年第2期
2002年	《中国政府职能转变的三大动力》	香港《中国评论》9月号
2003年	《知识经济时代的知识产权保护战略》	《中国社会科学院研究生院学报》2003年第3期
2003年	《如何建成完善的社会主义市场经济体制》	《人民日报》2003年9月2日

（续表）

年份	论文题目	所载刊物
2004年	《试论高校公有制实现形式的多样化 》	《中国高等教育》2004年第1期
2004年	《可持续发展的成本效益分析》	《北京师范大学学报（社会科学版）》2004年第4期
2005年	《中国区域收入差距分析及政策建议》	《改革》2005年第2期
2005年	《“励”字深深印我心》	《北京师范大学校报》2005年7月14日纪念启功先生去世专版
2006年	《建设新农村：政府与市场的分工》	《改革》2006年第3期
2006年	《服务得上 服务得好 服务得全 服务得久——高校哲学社会科学研究为国家服务需要解决的几个问题》	《中国教育报》2006年12月6日（第四版）
2007年	《中国经济的发展阶段研究》	《中央财经大学学报》2007年第8期
2007年	《对生态发展规律的认识要进一步科学化》	《科学与现代化》2007年第1期
2008年	《改革开放30年重大理论问题的讨论与进展》	《财贸经济》2008年第11期
2008年	《老年人收入与健康支出状况研究》	《管理世界》2008年第12期
2009年	《东部产业转移趋势与承接机遇》	《中国国情国力》2009年第2期
2009年	《辩证看待应对危机中的当前与长远关系》	首都经贸大学《经济与管理研究》2009年第9期
2010年	《“外退民进”现象背后的历史机遇》	《新视野》2010年第2期；《新华文摘》2010年第18期

（续表）

年份	论文题目	所载刊物
2010年	《应对金融危机需重视“应急管理”》	《光明日报》2010年2月25日
2011年	《关于“十二五时期”我国节能环保体制创新的思考》	《创新》2011年第1期
2011年	《加入世贸组织10年：中国市场化进程演进轨迹》	《改革》2011年第12期
2012年	《统计贡献度与实际贡献度辨析——2009—2011年外贸对国民经济贡献度的客观评价》	《国际贸易》2012年第5期
2012年	《能源绿色战略的国际比较与借鉴》	《国家行政学院学报》2012年第6期
2013年	《世界能源新形势及我们的战略》	《价格理论与实践》2013年第8期
2013年	《市场在资源配置中起决定性作用是理论新突破》	《中国教育报》2013年11月29日
2014年	《人类绿色发展指数的测算》	《中国社会科学》2014年第6期
2014年	《经济改革推动社会全面发展与进步》	《体制改革》2014年第2期
2015年	《完善国家生态治理体系和治理能力现代化的四大关系——基于实地调研及微观数据的分析》	《管理世界》2015年第5期
2015年	《完善生态治理需要协同共治》	《人民日报》2015年5月19日
2016年	《环保在我国“一带一路”战略中的定位与作用》	《环境与可持续发展》2016年第1期
2016年	《绿色经济与绿色发展测度》	《全球化》2016年第4期

（续表）

年份	论文题目	所载刊物
2017年	《官方首次发布绿色发展指数意义重大》	2017年12月26日国家统计局官网发布，并全文发表于次日的《中国信息报》
2017年	《从联合国〈2030可持续发展议程〉及其在中国实施看绿色发展中的法律保障》	《民主与法制》（周刊）2017年第23期
2018年	《美丽中国的数字刻度——我国首次发布绿色发展指数》	《中国纪检监察报》2018年1月9日
2018年	《绿色产业：怎样发展，如何界定政府角色》	《改革》2018年第2期

在北师大的学术历程中，可概括出六个特点或收获。以下具体从这六个方面讲讲自己的学术进展与治学体会：一是坚持宏观经济和区域经济的科研教学；二是加强跨行业与交叉研究，服务社会需求；三是重视国际合作，促进科研教学；四是幸福成长，快乐学习——两次经资院院庆的怀念；五是借助平台，服务社会；六是教学相长，培养人才。

1. 坚持宏观经济和区域经济的科研教学。

初来北师大，我在学校开设了硕士和博士研究生课程：中国宏观经济理论前沿和区域经济研究。我认为，当老师一定要认真负责，年轻人把大好时光用来跟着老师学习，绝不能耽误学生们。为了提高教学质量，我比较注重教师与学生之间的互动，常组织师生进行课堂讨论，常请有关专家到课堂上进行专题讲座；同时，常给同学们介绍学习和研究方法。

先简单汇报一下我在宏观经济方面的一些研究工作。在国务院研究室宏观司工作期间，我的工作主要是分析宏观经济形势，提出政策建议。来到北师大后，这项研究工作一直没有停止。有关我在“宏观经济学中国化”方面的工作将在本书后面的“学术贡献”部分论及，这里先简单介绍一下在北师大主持的“经济形势分析与预测（季度）”的研究课题。

2001—2014年，我主持组织了56个季度的形势分析报告。在人民出版社领导和战略部张文勇主任及何奎博士的大力支持下，我先后出版了8本书，即相关年度的《新世纪中国经济轨迹》。前十年的40个季度报告，形成了四本书正式出版。2001年的第一季度形势分析，还是我在国务院研究室宏观司主持工作时完成的。2009年上半年，北京师范大学研究生院批准成立了宏观经济形势分析研究所，并代管经济形势分析校级重点实验室，所长由我兼任，执行所长由张生玲副教授担任。宏观经济形势分析研究所隶属于北京师范大学经济与资源管理研究院。从2011年起，每季报告的篇幅约10万字，因此一年出版一本，按年度出版又有了四本书。我在最后一本书即2015年版的“序言”中写道：“14年来，中国励精图治，锐意进取，跃升至全球第二大经济体，成为世界经济的一个新增长极，中国道路逐渐成为后发国家经济起飞的一个新样板，值得回顾与研究。”

14年来，除个别专家由于工作变动有些调整外，本课题研究团队基本稳定。专家们虽然工作很忙，但在及时、准确完成约稿方面，表现出高度的合作精神。承担报告的作者分工，也即本报告的内容框架如下：“国民经济运行情况”，由江明清博士撰写；“经济增长趋势分析与预测”，由李建伟博士、曾学文博士、何奎博士撰写；“贸易形势分析”，由李文锋博士、汪连海博士、洪涛教授、耿洪洲博士撰写；“财政政策分析”，由马栓友博士、杨越博士撰写；“货币金融形势分析”，由余明博士、李果博士撰写；“资本市场分析”，由杨琳博士撰写；“房地产投资分析”，由张琦教授撰写；“宏观管理与政策要点”，由侯万军博士、刘涛博士撰写；“世界经济形势”，由鄂志寰博士、王辰华博士撰写；“区域经济形势分析”，由赵军利博士、丛雅静博士撰写。作者们均轮流承担过《新世纪中国经济轨迹》一书的副主编。从上可见，季度形势系列报告是集体智慧的成果，是来自多部门研究人员优势的集中展现，是我院与国务院研究室、国务院发展研究中心、国家统计局、财政部、商务部、中国人民银行、中国农业银行、中国人寿保险总公司等多家机构的专家们长期合作研究的成果。报告力求成为政府有关机构、研究者及高校师生进行经济分析的参考工具。在最后一版的“序言”中，我特别表达了对合作者的感谢之情：“在这里，请允许我向来自各部门的课题组全体成员，向我长期的助手张生玲教授，向人民出版社领导和战略部的张文勇主任、特约编辑何奎副编审表示深深的谢意！同时，向商务部研究室、国家统计局中国景气监测中心、中国石油天然气集团公司咨询中心、长城证券有限责任公司、昆仑信托有限责任公司、首都创业集团、国信证券公司、鹏华基金管理有限公司、华夏论衡（北京）西部开发研究院等单位的大力支持，尤其是西南财经大学近6年的研究经费支持表示深深的谢意！”

在北师大期间，我的科研教学工作有一个重要方面，即区域经济学学科的建设。来北师大后，我先挂靠学校经济学院招生。为配合学院全方位经济学科建设的要求，学院启动了区域经济学学科建设，进行研究并开始招生。因在国务院研究室工作时曾主持过自然科学基金《中国区域不平衡发展研究》等项目，有一定的研究基础，且兼任中国区域科学协会常务理事和多省市的经济顾问，对研究区域经济有一定的条件，故而我承担了此学科建设的任务。此后，学校还专门提供区域经济学学科建设经费，并由我牵头组织经济学院区域经济专业、地遥学院人文地理专业、资源学院经济区域等单位组成区域学科建设中心协同推进，经费除开会使用外，重点用在了共建一个区域经济学的阅览室。多家合作单位发挥各自优势，专著与教材在国内均产生了较大影响。我来高校后，时间相对充足，社会调研不少，围绕学科建设，我在祖国大地均有过调研并进行了思考。

下表列出了我2009年前在区域经济调研与学术成果方面的基本情况。

区域经济调研与学术成果一览表

（2001—2008年）

时间及题目	提纲	背景
2001年“青海的骨干企业如何做大做强”	（1）骨干企业做大做强的必要性。青海是资源富省、经济穷省，电力、石油、盐化工、有色金属四大支柱的利润是青海省全部工业平均利润的2.5倍。这些企业多为资源型企业，有资源保护和持续利用的责任 （2）做大做强是为了做富。做大，是为了大利；做强，是为了持久收益。大而不强、强而不富，就难免资源初级化、低级化的传统发展模式 （3）骨干企业做大、做强、做富，关键是政府指导与市场调节相结合。在一个资源大省里，无政府主义意味着灾难，而企业没有自主经营权，效益目标就难以实现 （4）做大、做强、做富，需要形成一支高素质、高水平的企业家队伍。企业家是人中的“熊猫”，孔雀、家雀都“东南飞”的问题要解决 （5）做强、做富需要有一个健全的投资和经营环境 （6）应在重视二产（即工业）的同时，重视三产（即服务业）的发展；在重视国有企业的同时，重视各种所有制经济的发展。在这方面，应突破一个概念——只要是利税大户，就是骨干、支柱。搞一个昆仑瑶湖盐湖旅游业，可以媲美以色列的“死海”旅游，且更有药浴之妙	2001年青海省委、省政府组织了专家调研组，我负责产业组，专家有马建堂和汪同三两位教授。实地考察了8家企业，并与4家国资投资公司进行了座谈，8月9日，我们向青海省领导做了汇报。赵乐际省长、宋秀岩副书记及省核心组全体成员，省委常委、省人大和政协领导听取了汇报

（续表）

时间及题目	提纲	背景
2002年“两岸经贸关系发展的动力和机遇”	1.动力。第一，共同利益所在。第二，客观形势所至——经济全球化、区域化的外部压力。第三，两岸同胞所愿，即在台湾众多民众眼中，台湾是大陆的，但大陆也是台湾人民的。放弃大陆1000多万平方公里的大海河山，放弃大陆巨大市场，既作茧自缚，又孝心难尽。海峡两岸暨香港、澳门共同繁荣，是中华民族根本利益所在 2.五大商机。第一，“入世”为海峡两岸暨香港、澳门经贸合作起了重要的推动作用。第二，新兴产业和服务业快速发展为海峡两岸暨香港提供了优势互补的合作空间。第三，传统产业不断提升，为港澳台资本提供了大有作为的天地。第四，北京办奥运会为海峡两岸暨香港、澳门经贸合作提供了重大商业机会。第五，内地（大陆）扩大需求，尤其是西部开发为港澳台资本提供了新契机	2002年7月21日在海协会举办的台湾大学生夏令营“中国经济体制改革与发展的成果”研讨会和2002年8月16日在全国省级台联领导干部“我国加入WTO后的形势与对策”培训班上我的讲演
2003年“昆明市怎样把五个统筹和新型工业化结合起来”	（1）昆明的工业强市必须是包括发展三产的广义工业化。昆明在大家的心目中是花的城市，是春天的城市，靠冒黑烟的企业来工业强市是可怕的。不能离开新型工业化的角度来讲工业化 （2）昆明的工业强市是统筹城乡发展思路下的工业化。云南的很多生物资源现在产值不是很高，但是增长潜力很大。要努力把生物产业发展成支柱产业，云药、云菜、云花都与城乡统筹相关 （3）昆明的工业强市是统筹经济社会发展这个思路下的工业化。“强市先强人”，卫生、教育、体育等各方面都需要发展起来，结合起来搞工业化 （4）昆明的工业化是强调人与自然和谐发展，保护环境、保护生态的工业化。现在滇池已经被污染了，这对我们是个非常大的挑战。如果不搞生态保护，我们就会把老祖宗留给我们的好山好水都给糟蹋了。一定要强调清洁生产	2003年11月25日我在昆明政协“工业强市研讨会”上的讲演

（续表）

时间及题目	提纲	背景
2004年“振兴东北老工业基地的对策分析”	东北老工业基地是共和国的长子，但近年来东北老工业基地的发展走入了困境。振兴的关键是做好三件事情： （1）国家财力重在解决历史包袱。国家应该将投入的重点放在解决历史包袱上，国家可在税收和利润上缴方面给予比较明显和大度的折扣或优惠，允许企业加速计提折旧以增加积累。一是用合理的价格给上百万下岗职工以补偿，二是协助解决因政策变更等因素造成的资金欠账，三是解决企业办社会的包袱。同时，让东北的企业形成自我积累和自我发展的能力 （2）产业结构调整的关键是要遵循本地区具有的比较优势。不能简单地把第二产业改为第三产业，应使第三产业与第二产业优化提升相配套，协调发展 （3）观念上要从官本位变为企业本位，建立服务型政府。政府应采取措施，使国有企业领导和行政级别、行政待遇脱钩，要以企业家为本，为企业创造良好的发展环境；政府是经济结构调整的主导而不是主体，企业是振兴东北老工业基地的主体，政府应该给企业提供良好的发展环境，让企业自主决策、自强自立；还要依靠市场的力量形成产业集群，政府支持与引导，但不包办	这是根据我在2004年6月26～27日牡丹江镜泊湖“亚洲资本论坛中国东北论坛”会议上的发言内容整理而成的，部分相关内容已经载于《科技与企业》2004年8月号
2005年“上海浦东改革与发展的建议”	十条具体建议：在政府门前竖立电子指示牌以提供电子政府式服务；申请石油期货市场；设“长三角”企业家市场，形成企业家的全国市场价格；成立一个浦东科技创新半成品支持基金；树立保护知识产权的榜样；搞自下而上的一至两个具有全国影响的行会；办一所全国最好的职业技术学校；在会计制度上消灭区内企业的“两本账”现象；区内住房搞差异化建筑，让新区有个多元化的外观；建一个西部大宾馆，专门为西部人才和政府办事提供方便	这是2005年9月27日我在国家发改委体改司与上海浦东新区政府在北京职工之家举办的“上海浦东改革综合试点方案讨论会”上的发言

（续表）

时间及题目	提纲	背景
2006年绍兴上虞市“大桥经济”的八条建议	为落实“大桥经济”规划，借助大桥发展上虞经济，我们课题组提出八条建议 （1）明确政府职能定位：一是该政府做的一定要做。比如，城市的规划是政府要做的，而且一定要做好。二是不该政府做的，一定不要去越俎代庖。比如，要区分空间规划与产业规划中政府与企业各自的责权。三是政府不做但要管理的事，一定要监管好，一定要服务好，要让利于民。四是有些政企合作的，要尊重企业和市场的意愿。五是政府要充分认识自己拥有的资源，开发自己的资源，全面为社会服务 （2）充分发挥群众力量，调动企业参与“大桥经济”的积极性：一是动员全体市民参与城市定位与城市区域调整的规划。二是项目招标要公开透明，让企业自由参与。三是空间规划确定后，土地使用权转让越市场化越好。四是制定一套为上虞市市民从大桥经济中获利的政策 （3）准确把握大桥建设的阶段性特点，明确不同阶段的工作重点，规划设计要明确，大框架确定后不宜再变，在细节方面要留有调整的余地。实施阶段，要抓好落实；初期使用阶段，应根据产业发展的需要，做好基础设施的配套；后期使用阶段，要对相关环节制定管理标准 （4）处理好“大桥经济”与公共产品提供的关系。市政府在强调“大桥经济”的同时，还需要处理好与大桥配套的各种公共产品如基础设施、专业市场建设、交易会、展览会等的策划提供，要统筹兼顾地发展“大桥经济” （5）市政府各个部门之间包括区、镇与新区、开发区管委会的协调问题 （6）多种规划思路的整合与完善。上虞市这些年已形成了很多产业布局和空间规划，环杭州湾都市圈也形成了多种发展战略规划。这些需要专人梳理、综合评估，在调整中，实现各类规划衔接。为保证规划的稳定性，综合规划应报相应的人民代表大会来审议通过（限于篇幅，后两条建议略）	嘉绍跨江大桥于2006年6月通过国家发展改革委的专家论证，进入实施阶段。中国宏观经济学会秘书长王建研究员委托我们承接上虞市发展改革局关于“大桥经济”总体战略规划的课题，研究大桥建设对上虞市经济社会发展带来的影响，并为今后上虞市产业布局和城市空间规划提出符合新形势的设想。课题组由我负责，师生共9人参与了调研

（续表）

时间及题目	提纲	背景
2007年“黄山——旅游城市的发展道路”	“树黄山牌，强黄山市”，有五点想法： （1）资源型旅游城市与旅游资源型城市。资源型旅游城市有什么含义？各类资源都可以构成此城市的旅游开发项目，比如，德国鲁尔区利用当年开矿的遗址，形成了一个旅游城市，是典型的工业遗产旅游转化。什么是旅游资源型城市？这应是以传统的山水和人文旅游资源为主，且旅游收入占很高比重的城市。黄山市当然是旅游资源型城市 （2）旅游资源中的多种资源与主体资源的关系。这就遇到黄山自然风光及徽州文化的关系。“新黄山，老徽州”，这句广告词写得好，既显示了自然资源的优势，又彰显了人文资源的渊源。引申而言，黄山风景区应对黄山市、黄山区经济做贡献，黄山市、黄山区也应对黄山保护和旅游经营做贡献 （3）保护世界遗产真实性和完整性与开发投资的关系。世界遗产不是孤立存在的，保护它就是要保护其真实性和完整性。不仅要部分真实，还要全部真实；不仅要总体真实，还要细节真实；不仅要遗产本身真实，还要遗产的环境及氛围真实。但旅游业发展中的商业化经营，将对遗产保护产生影响。有位教授提出了处理真实性的“三原则”，即历史上的真实、演进中的真实、妥协下的真实。“妥协下的真实”，是指为满足遗产的社会功能（如旅游）而在真实性问题上不得不做出的局部的、非本质的、暂时性的、可恢复的妥协 （4）城市定位。黄山是重历史名城还是追求新型城市？邓小平同志1979年7月15日在黄山召开会议，做了重要指示。他说：“在这里，我们的资本就是山。要禁止破坏山林，要把黄山牌子打出去。”邓小平同志的指示非常正确。首先是要保护，进而为发展旅游业提供条件。在保护中发展，在发展中更好地保护 （5）世界500强与黄山市经济强市的结合点。世界500强来黄山，有五个结合点：环保型的产业介入；科研介入，让科学家在美丽的地方创新；论坛介入；会展介入；休假介入。建议世界500强将黄山列为员工休假的推荐地点	这是我在2007年10月7日“首届世界500强（黄山）国际高峰论坛”上做主题发言时的讲演稿。会议由黄山市政府与香港国际投资促进会合办。讲演后，黄山市李宏鸣市长说：“你非常了解黄山的情况，提的观点很好，很有深度。欢迎来黄山调研。”市人大鲍小如副主任对我讲：“我有八个字可以评价教授的讲演，一是‘看中’，二是‘看准’，三是‘看透’，四是‘看好’。”

（续表）

时间及题目	提 纲	背景
2008年“山西煤炭工业可持续发展中居民收入分配机制研究”	煤炭工业可持续发展关系到国民经济和能源安全大局，关系到山西省国民经济发展和居民收入水平提高。煤炭发展受到储量条件、煤炭价格、供求关系、相关行业发展以及居民收入分配等很多因素的影响。报告从山西煤炭工业可持续发展的重要性入手，分析了山西煤炭工业可持续发展对全国经济、全省经济以及山西居民收入水平提高的重要意义，重点解释了居民收入分配对山西煤炭工业的可持续发展的影响。通过比较国有大型煤炭企业经营管理者、地方私营煤矿矿主、煤炭职工（包括煤炭农民矿工）以及煤炭相关行业的居民等多层次人群的收入，对收入水平的合理性得出了自己的结论，并测算出山西省“十一五”期间煤炭行业在岗职工的合理收入水平和增长速度。报告从社会保障体系、财税制度、工资制度以及煤炭工业配套改革等方面提出了具体的政策建议。 2005年，山西省煤炭行业职工占全省在岗职工总数的18.45%，工资总额占全省工资总额的26.15%。建议加大财税政策对煤炭行业的支持力度。一是适当调整煤矿职工个人收入所得税的起征范围，考虑将井下保健津贴列入免征项目。建议按当地政府公布的最低工资标准的1.5倍，确定井下工人的最低工资标准。考虑到煤矿井下工作的特殊性，可试行井下职工提前退休的特殊政策，即对采掘岗位连续工作25年、井下辅助岗位连续工作30年的职工，可以提前退休，享受养老保险待遇	此为国家社科基金重大项目“我国地区间居民收入分配差距研究”成果摘要。本调研组负责人为李晓西教授，成员有张琦、董念清、王诺、张坤、李尔博王。全文可参见《中国社会科学院研究生院学报》2008年第3期。调研得到了山西省政府牛仁亮副省长的高度重视与支持，得到了山西省经济研究中心和各部门的大力配合

注：

（1）此表是每年选一件原则下的不完全活动列表，还有很多活动限于篇幅，无法一一列出。

（2）此表所列内容与本文曾列出的在北京师范大学十八年教学期间每年选两篇发表的论文的一览表内容无重复。

（3）此表中所列讲演或课题的具体内容以及更多的活动与讲演，在中国经济出版社2009年出版的李晓西《中国：新的发展观》中可查到。

（4）中国经济出版社乔卫兵主任高效的工作，林永生、郭彦英、张江雪三位博士和孙荟欣助理为《中国：新的发展观》校正、编辑、翻译付出的宝贵时间和精力等，均使我深怀感激之情。

为适应教学，根据多年的调研成果，2004—2006年，在多位老师和研究生的协助下，我初步编了一本几十万字的《区域经济学》讲稿。下面是讲稿的大体框架。

《区域经济学》讲稿

宏观篇（国家级行政经济区域基础上的区划）	中观篇	微观篇
1.经济区域的划分	7.农业经济带	11.企业区位选择
2.区域经济结构与特征	8.工业集群	12.劳动力区位选择
3.区域经济增长	9.商贸网络	13.家庭区位选择
4.区域间经济联系与互动	10.城市及城市圈	14.公共设施区位选择
5.区域经济差距	—	专题： 国际范围的区域经济
6.区域经济政策	—	—

在此期间，通过对中国人民大学、南开大学、北京大学、台湾大学和英国牛津大学、美国哈佛大学的区域经济学教材的比较与分析，我提出了若干观点。如，我对区域经济学的概括是：这是一门关于在哪里生产和为什么要在那里生

产的科学，是一门关于经济资源空间配置合理化的科学。学习区域经济学的作用：一是有助于认识现实经济问题；二是有助于从世界范围理解经济变化及发展趋势；三是有助于提高分析、综合和解决问题的能力；四是对企业选择投资环境有重要的理论指导意义；五是可作为选择工作和生活地点的重要参考；等等。

在编撰《区域经济学》讲稿的同时，我还在完成《宏观经济学》（中国版）的写作。因过于劳累，我出现了较严重的颈椎神经性疼痛，有段时间不得不卧床休息。因此，我只完成了《宏观经济学》（中国版），未能同时完成《区域经济学》的书稿并使之出版。而从2009年开始，作为学校“985科学发展观与经济可持续发展新基地”的主任，我组织了以经资院为主，多个文理学院尤其是西南财大发展院，以及国家统计局景气中心共同合作的中国经济绿色发展指数研究，研究的重点就转向了区域经济绿色发展的比较上。具体成果将在第二部分的“学术贡献”里介绍。区域经济学教材《区域经济学》（中国版）及《区域经济学案例》已经和中国人民大学出版社签订出版合同，但2009年后已很难抽时间与精力完成，现在想起来还有些可惜与遗憾。

还有一本书在区域经济学的建设中值得一提，那就是我与山东社科院郑贵斌副院长主编并出版的《中国区域经济学30年论文精选（1978—2008）》。2008年10月12～13日，在山东社会科学院和山东省泰山学者项目的鼎力支持下，作为泰山学者，我组织了“泰山论坛——区域经济发展高级研讨会”，特邀请国内18所高校区域经济学方面的教授来山东，来自北京大学、清华大学、中国人民大学、南开大学等高校的区域经济学学科带头人均应邀前来。会议的主题是纪念改革开放30年，回顾并展望区域经济学的进程。其重要性可借用兰州大学经济学院高新才院长在《与时俱进：中国区域发展战略的嬗变》中概括的一段话："自1978年以来，中国的区域发展战略从一开始的效率导向的非均衡发展，到以缩小差距为主要目的的协调发展，终于进入了以科学发展观为指导的区域统筹发展战略实施时期。理解每一次区域发展战略制定过程中所面对的现实背景，追溯各种区域发展战略的理论渊源，评价不同区域发展战略的成果，不仅是对过去30年中国区域发展的一个回顾，更是对区域发展趋势进行判断的一个必要条件。"在会上，丁任重、陈秀山、孙久文、施祖麟、李国平、安虎森、张琦等23位教授做了讲演。参会教授们还协力共商，客观公正，在我们事先已汇总的近800篇论文的目录索引中精选出30年来影响较大的区域经济学论文60篇，作者（含合作者）有杨吾扬、谷书堂、陆大道、胡兆量、王建、李善同、范恒山、李子奈、杨开忠、肖金成、蔡昉、杨伟民、郝寿义、王缉慈、魏后凯、陈耀、张可云、刘再兴、吴殿廷、梁进社、刘学敏、梁琦等80人，提交了论文和介绍写作背景与影响的自评。作者们的支持尤其是80岁高龄的林凌教授发来的成果与自评，让我非常感动！会后，我组织北师大经济与资源管理研究院的教师和研究生，用近一个月的时间完成了汇编任务。在会议组织及本书的编辑中，特别要感谢山东省社会科学院的郑贵斌、曲永义两位副院长和袁红英处长的全力协助，感谢区域经济学会老会长陈栋生教授所写的《改革开放30年的中国区域经济》之代序，感谢北师大的吴殿廷、梁进社两位教授与刘一萌博士、肖博强硕士的协助与认真工作，以及北师大经济与资源管理研究院一批硕士、博士的参与、组织及校对书稿，感谢北师大出版社杨耕社长、叶子副总编的大力支持和马洪立、陈婧思编辑的尽心尽力。

下图是当时参会专家之合影，留下了永久的美好纪念。

2008年“泰山论坛”参会专家合影

2. 加强跨行业与交叉研究，服务社会需求。

时代提供了舞台，社会交办了任务。处于改革开放中的中国，我们这一代人常常遇到这样的问题：不是本专业的研究我要承担吗？不是经济学领域的研究我要承担吗？多学科结合的任务我要努力去做吗？答案因人而异。回顾实践，我确实身不由己地在进行了跨行业与交叉性研究。我赞赏和佩服那些终生全力集中一点而研究的学者们，虽然知道能够进行开阔型研究的是些大家，但我常陷于为难或为自己找点小借口中，说因为转轨与过渡，意味着问题不断涌现而专业本身界限也在不断变化中，各领域改革中均有对经济（如成本价格问题）的需求，或说些“专业不是专利，领域不是领地”之类自我说服的话。

如果说我自己应以宏观经济学（重点是财政、金融、外资外贸）为主要研究方向，而这已是比较宽泛的学科方向了，那么我的研究确实大大跨越了这个范围。如在21世纪，我研究过中国经济发展的阶段和战略，提出过中国处于工业化和城市化的双中期的观点，提出过“均衡统筹、以强促弱”的大国战略，研究过建设新农村与统筹城乡发展的诸多问题，研究过分配制度与农民增收的问题，研究过城市的可持续发展中的诸多问题，研究过资源、循环经济、建设节水型社会等“科学发展观”的诸多问题，研究过统筹国内发展和对外开放关系的一系列问题。例如，2004年5月23日我在欧美同学会与北师大经济学院合办的论坛上，以及同年10月14日在中国社科院研究生院，均做过“对外开放的新思维”的讲演，大体意思是在对外开放理论中，有三个观点曾起过较大作用：一是20世纪80年代的“机遇论”，强调和平与发展的国际环境是我国发展的难得机遇；二是20世纪90年代早期开始的 “接轨论”，强调按国际惯例办事，使中国与国际经济一体化；三是20世纪90年代末期开始的“安全论”，强调在国际金融和经济一体化中要保护国家的经济安全，当前特别要防范国际金融危机的冲击。现在，对外开放理论到了反思的时候，是否可提出一个“责权论”，即中国已成为影响世界经济且负有国际责任的大国，要以这种情况来看待对外开放了。要实现十个转变：一是把对外开放由政府主导向市场主导转变；二是从发展中国家利益代表者向国际公法和规则的维护者转变；三是从只关心国内经济稳定发展向关心国内外经济综合平衡转变；四是从追求国际收支顺差向追求国际收支平衡转变；五是从世界工厂变为世界市场；六是由政府对外投资的积极性转向企业对外投资的积极性；七是从大规模的招商引资走向以平常心对待外商；八是从强调发展中国家知识产权特殊性转向以知识产权国际规则保护自己；九是由强调内资企业技术引进转向不分内、外资企业，鼓励技术创新；十是把解决中国的统筹发展与关心世界的统筹发展放在同等重要的位置。

写到这里，回到要介绍的重点。此期间的交叉研究更多地还表现在较深地介入研究经济社会发展诸问题如环保、法律、卫生、体育和文化等方面。在研究过程中得到锻炼，也感受到经济学的应用价值，但多非己愿，而是因社会需要而被一步步引领着跨界了。限于篇幅，这里仅以介入卫生领域的研究为例。

最早是因国研室科教文卫司邀请我参加世界卫生组织（World Health Organization，简称WHO）会议，提供资料让我在大会发表关于卫生体制改革与经济改革关系的讲演。此后，我两度被卫生部邀请在全国卫生厅局长年会上做相关报告。我曾在《中国卫生经济》2002年第2期上发表了《试论我国卫生资源的合理配置》长篇论文，因之被聘为该刊编委。卫生部内刊《卫生政策信息特递》2003年第2期摘登了此文，题目是《李晓西论卫生资源合理配置》。在此文中，我探讨了卫生资源的含义及内容，从医疗市场供求关系分析了我国卫生资源的配置现状，提出要坚持公平与效率兼顾的原则，以实现卫生服务产品的总供求基本均衡和卫生服务产品的结构性平衡，强调了卫生资源配置过程关键在于如何处理好国家计划配置与市场调节配置的关系，并对卫生资源配置提出了具体的八种方法思路。2003年6月20日，在中南海会议室由吴仪副总理主持的“非典”疫情和防治工作会议上，我有发言。会后，我在自己发言提纲的基础上形成了《发展公共卫生需要新思路》一文，此文发表在2003年11月21日的《中国改革报》上。此后，我被聘为中国卫生经济学会学术委员会高级顾问。2004年5月22日，我在首都医科大学举办的卫生干部培训班上做过“经济改革与卫生改革”的讲演，并被聘为首都卫生管理与政策研究基地学术委员会委员。2007年12月，我又被中国医院协会经济管理专业委员会聘请为高级顾问。2008年8月16日北京奥运会期间，卫生部陈竺部长请了5位专家在奥运会场旁边的盘古大厦研讨卫生体制改革，这是由时任卫生部国际司司长尹力组织的，我有幸与哈佛大学、北京大学几位同仁参加。同年10月22日，我在第十二届生物医药发展论坛上做了“生物医药产业标准的本国化及国际化”主题讲演。这一年，我还在北师大经济与资源管理研究院成立了卫生资源优化配置研究所。四年后的2012年，我向卫生医药界的资深人士如王永炎院士、尹力局长、许树强院长（中日友好医院）等建议，让年轻的经济学者们来承担继续与卫生医学界合作的担子，得到了他们的支持，并同意我推荐的本院王诺副教授来做第二任所长。在北师大期间，在卫生系统王永炎院士的盛情邀请下，我还合作培养过3位中医学与管理学结合的博士后，他们个个业绩不凡。下面列示我2006年公开发表的一篇关于卫生体制改革的论文，从中可以看到一个经济学人对卫生经济尤其是市场化问题的一些思考。虽然现在情况有很大变化，但仍愿供读者们借鉴、分享，希望读者们指正甚至纠错。

中国卫生体制改革需要辩证思维[1]。对看待和推行卫生体制改革是否应市场化争议最大。我认为应“按照辩证思维，坚定不移地推进卫生体制改革”，就是要坚持四点认识：

第一点，卫生工作是事业与产业的结合。这就是说，卫生和医疗作为人类必需品，具有公共产品的部分属性，政府有责任为社会提供最基本的卫生和医疗服务。我们的卫生机构，现在也要治病救人，实行人道主义的宗旨，要有社会责任，必要的情况下看病也可以不要钱，而重大的社会性疾病的预防服务就是免费向社会提供的，这些体现的是其事业性的一面。但另一方面，正常情况下卫生医疗服务还是要收钱的，也是应该收钱的。医院、卫生院要有盈利目标，要有成本核算，要考虑市场需求，还要去开拓市场，这些都是在社会主义市场经济下，对卫生体制改革提出的基本要求，又体现出卫生具有产业性质的一面。

第二点，正确认识经济体制改革与卫生体制改革的关系。我曾在2001年全国卫生工作会议上就经济体制改革与卫

① 应首都医科大学卫生管理与教育学院刊物约稿，后在2006年3月2日的《健康报》上公开发表。

生改革关系发表过意见[①]，其中提出经济体制改革推动卫生体制发生的五大变化：卫生领域由非经济化向事业化与经济化结合的方向转变；资源配置由单一政府安排向国家指导与市场调节相结合转化；卫生机构由单一国有制向公有为主、多种所有制并存转化；卫生管理由行政化向按经济分类进行依法行政管理转化；经费来源由国家包干的供给制向多方共同出资模式转化。卫生领域由非经济化向事业化与经济化结合方面的转变，其含义是：一是在经济转轨中，卫生机构由不创造价值的事业部门向同时创造价值的产业部门转化，其中医药工业、医用器材工业等，产业化、市场化发展成为主流。二是卫生作为第三产业服务业，有公共产品服务也有私人服务，根本性是服务业，因此，被归入了经济产业的分类之中。三是卫生机构既要治病救人，也要有成本核算和盈利目标，既要考虑市场需求，开拓市场，也要考虑社会责任，体现出经济因素与社会因素在微观组织上的自然结合。

第三点，要对医疗卫生产品按其性质进行分类。我认为，可大致分为三类：一是公共物品。此类服务关系到社会人群健康。这类服务主要应由政府投资自行解决。二是准公共物品，如计划免疫、传染病预防、地方病防治与管理、妇幼保健与计划生育、从业人员健康教育等。这一类服务是从社会群体利益出发，由政府提供经费或个人和政府共同承担。三是个人物品。此类活动只给个人带来益处和正效应，一般指保障个人健康的服务如非传染性的各类疾病，如牙齿

① 李晓西：《经济发展、改革与我国的卫生事业》，载卫生部办公厅《2001年全国卫生工作会议文件资料汇编》。

整形、皮肤美容等。这一类服务应由个人承担。

第四点，要坚持卫生资源配置的核心问题是国家计划配置与市场调节配置相结合的观点。卫生资源配置过程，实际上是如何处理好国家计划配置与市场调节配置的关系。卫生领域不同于一般的产业，医院也不等同于一般的企业，它们是具有特殊性的产业和企业。实践告诉我们，只靠国家计划配置卫生资源行不通。在传统体制下，卫生资源的配置都是由政府来考虑的。这种配置在初期有很大的合理性，但卫生机构不考虑社会需求及其变化，不重视成本核算，不计盈亏，不考虑卫生人力资源的价值及报酬支付标准，只要求政府拨款，只要求卫生资源按计划供给，因此，卫生机构就开始萎缩了，卫生资源供不应求的矛盾就突出了。从1992年社会主义市场经济体制目标提出的10年来，卫生体制通过改革出现了喜人的变化，20世纪80年代初挂号难、看病难、住院难的问题，经过市场调节医疗服务供给的努力，大大缓解了。但实践还告诉我们，只有市场调节、配置卫生资源也是行不通的。就是说，卫生资源只根据利润来配置，利润越多的地方，卫生资源配置就上去，反之就下来。这样做的结果是什么呢？我们看到已产生了新问题，比如，只求盈利的虚高药价和强制性高收费，服务只认金钱而使卫生产品的供求双方矛盾趋于激化等。我们还看到，公共类卫生产品供给弱化了，比如，妇幼保健和防疫等就供不应求了。进一步推论，卫生资源完全按照这样的配置方式走，是否有一天会集中到富人区，会越来越从农村走向城市，会越来越脱离广大民众尤其是农民的需要呢？因此，要对市场调节的过于重利益的倾向有所限制和调整，要使国家政府仍然承担提供卫生公共产品的责任。我认为，将经济学中最常讲的公平与效率关系延伸到卫生领域，同样是重要的。二者兼顾，是一种思维方法，是辩证思维的核心内容。具体到卫生上，就是如何把为所有人提供同等的最基本的卫生服务与为不同的人提供不同水平的服务结合起来，使各方面都基本满意。现实中，把握这两方面结合的“度”，是一种水平，是一种领导艺术。只强调公平，不承认差异的客观性，只强调政府职责，不考虑市场作用，进而否定卫生体制改革的方向，我均不赞同。

总之，卫生领域和经济学的结合，不仅在于要为卫生体制改革提供一些思路，帮助进行我国卫生资源的合理配置、卫生领域的投资分析和成本效益分析等，同时也希望能为经济学自身发展提供交叉思维的丰富营养。

3. 重视国际合作，促进科研教学。

在北师大进行科研、教学期间，我参加了若干国际会议，也去过诸多国家进行专题考察，这对我的科研与教学起到了重要作用。2007年学校组织由若干院长参加的教育考察团，于5月2～15日，考察访问了哈佛、耶鲁、哥伦比亚等七所美国一流的高校，就教育与科研多方面的问题与校方和教授们进行了交流。我印象很深的是：高校经费主要是靠自己而不是靠政府来解决，具体的渠道则是多种多样的。

以下再举两个例子汇报一下在校期间开展的国际合作。

（1）联合国工业发展组织—联合国环境规划署（UNIDO-UNEP）绿色工业平台中国办公室（GIP China Chapter Office，GIP.CCO）的设立。

2012年12月3～9日，我应邀参加了联合国环境规划署（UNEP）在日内瓦主办的绿色经济国际会议并在大会上进行了发言，随行的有北师大经济与资源管理研究院刘一萌讲师、宋涛博士。随后，应联合国工业发展组织（UNIDO）的邀请，我前往奥地利维也纳进行交流，并签约加入由联合国环境规划署和联合国工业发展组织联合发起的绿色工业平台（Green Industry Platform）。这个平台是在2012年6月的"里约+20"峰会上，由UNIDO和UNEP联合倡议成立的。为配合国家绿色工业发展与部门战略，更好地帮助平台在国内开展工作，2014年3月，在联合国工业发展组织及其驻华代表处的支持和配合下，依托北京师范大学已有的绿色资源与团队，设立了UNIDO-UNEP绿色工业平台中国办公室（GIP China Chapter Office，GIP.CCO）。李勇在任联合国工业发展组织总干事后，于2014年9月2日致信北京师范大学陈光巨副校长，支持合作成立UNIDO-UNEP绿色工业平台中国办公室，并接受北师大对我担任GIP.CCO主任的推荐，批准我为UNIDO-UNEP绿色工业平台中国办公室主任。2014年12月，联合国工业发展组织与北京师范大学正式签订《关于支持绿色工业平台中国办公室合作意向书》，就共同支持绿色工业平台中国办公室的事宜达成共识。在联合国工业发展组织（UNIDO）、北京师范大学（BNU）和中华人民共和国工业和信息化部（MIIT）节能与综合利用司以及四川成都天府新区管委会、西南财经大学等的支持下，先后举办了三期绿色工业培训班。UNIDO环境管理司司长Heinz Leuenberger先生、工业发展组织驻华总代表Edward Clarence-Smith先生、工业发展组织清洁与可持续生产部主任Rene Van Berkel先生和全国政协常委李毅中等亲自来授课。GIP.CCO专家与UNIDO专家一起，还在四川与山东开展了绿色工业发展的实地调研。值得回忆的是，2015年6月8日，李勇总干事及代表团一行访问北师大绿色产业平台（注：绿色工业平台后改名为绿色产业平台）中国办公室。

2016年9月12日，UNIDO-UNEP绿色产业平台中国办公室在成都召开了国际绿色产业发展（成都）论坛，四川省尹力省长和李勇总干事主持并讲话。成都会议后，我因年龄原因，向总干事正式报告，推荐关成华教授为GIP.CCO主任。总干事回信说：“感谢李老师这几年对开拓和推进绿色产业平台中国办公室所做出的杰出贡献和不懈努力，很高兴看到绿色产业平台中国办公室取得了一系列成果，加强了与中央

2015年6月8日，李勇总干事及代表团一行访问绿色产业平台中国办公室

及地方各部门的合作，加强了与企业的合作伙伴关系，开展了卓有成效的宣传、调研、培训和考察工作，并培养了一批从事优秀绿色产业发展的人才。同意李老师提出请关成华教授接任绿色产业平台中国办公室主任的建议，李老师可任名誉主任。相信关老师会继续把此重要业务发扬光大，开拓创新，进一步加强与企业合作。”

（2）去哈佛大学的交流访学。

这里重点介绍一下2013年底至2014年6月初，应哈佛大学经济系邀请，我前往访学的情况与感受。在哈佛大学期间，我参加了多次活动，听了若干讲座，与关心中国的教授们成了朋友。经济系的库珀教授特意安排了接风，我见到了托尼、傅高义等著名教授。库珀先生于2006年先后两次通过经济与资源管理研究院为北师大图书馆捐赠图书727册，2007年其来北师大时受到刘川生书记的热情接待，并由钟秉林校长聘其为北师大名誉教授。傅高义教授被认为是美国唯一的一位对中日两国事务都精通的学者，撰有《邓小平时代》《日本第一》等著作，2014年其专程去了四川广安，参加了邓小平110周年诞辰的纪念活动。他赠送给我一本签名的《邓小平时代》作留念。哈佛大学访问学者关成华教授陪我参观了哈佛大学最大的、通宵开放的图书馆和法学院等若干学院的图书馆，参观了哈佛大学植物院、瓦尔登湖（Walden Pond）、韦尔斯利（Wellesley）女子大学等，还参观了波士顿科技馆和美术馆。2017年3月23日，我作为嘉宾被邀请参加中美关系正常化35周年酒会和论坛，这是由哈佛大学肯尼迪学院与中国对外友好协会合办的。中国对外友好协会会长李小林、哈佛大学校长德鲁·福斯特、中国人民大学新闻学院院长赵启正、奥巴马总统经济顾问委员会主任拉里·萨默斯、澳大利亚前总理陆克文、中国教育国际交流协会会长章新胜、中国驻纽约总领事孙国祥、哈佛大学肯尼迪政府学院前院长兼“软实力”理论创始人约瑟夫·奈等，以及中美政学界40多位代表出席了论坛。双方就中美新型大国关系、金融贸易、能源环境与科技教育等广泛议题进行了深入交流和探讨。

去哈佛大学访学收获很多，回北京后我曾整理出一份汇报材料，其中重点提到六点体会，这既是我科研、教学中的启示，也是送呈给北师大领导参考的建议。一是“红花绿叶”，形成协同创新的大格局。哈佛大学十二大学院，就是十二朵大红花；同时，哈佛大学里还有众多的研究中心。这里，还有长青的“绿叶”经过多年成长，华丽转身成为“红花”的故事。哈佛有盈利很多的学院如商学院和法学院，也有专攻学术、不盈利的系所如经济系。但据说学校均同等支持，并在财力上更多地支持不盈利的学术活动。北师大综合改革正在进行中，加强和提升一级学科是有必要的。二是“全球视野”，做国际一流的科研与教学。哈佛大学的教授和学者们研究的领域与教学的关注点，绝不仅仅是美国，而是全世界——不论是各种讲座还是教材，都体现着国际化的精神；同时对各国高校与研究机构开放，欢迎来哈佛大学进行交流与访学。北师大的国际化有多年历史，我们在哈佛大学或波士顿别的高校中总能看到北师大的教授与学者，希望学校在这方面继续努力。三是“内外开放”，鼓励跨领域的交叉研究。在哈佛大学，每天都有很多的研讨会，但均是完全开放、自由参加的。北师大也有诸多开放式论坛，取得了不小的成就，但应更活跃、更具影响力。经济与资源管理研究院在绿色经济研究中有文理多个学科参加，同时也得到了国际组织的支持，如果说绿色发展指数获得了广泛的社会影响力，那么实质性的文理交叉合作则是重要原因。四是“各尽其能”，提供政策咨询服务。哈佛大学是美国政府和国会最重要的思想库之一，这种咨询智库作用的发挥，不是专门成立一个智库，而是让学院尤其是各中心发挥各自特点和优势，为政府决策提供建议。哈佛大学正在努力打造高校一流智库，提供政策咨询服务。北师大经济与资源管理研究院多年来坚持“小核心、大网络”这个行之有效的协同创新模式，发挥教育部社科委经济学学部、首都科技发展战略研究院等平台优势，建言献策，服务社会，为提高学校社会影响力做出了应有的贡献。五是“信任学生”，在社会活动中锻炼青年人才。我对哈佛大学一个很大的感受，是学校对青年人尤其是本科生给予了高度的自主权。以哈佛大学“中国论坛”为例，这个论坛是由哈佛大学学生会组织的，已有16年历史。在论坛期间，几乎没有看到学校领导的程序性致辞，也没有校领导与来宾的接见活动。当然，这种安排是否妥当也需要研究，但年轻人完全自主办来自全球上千人的大会，确实让人感叹。六是“持续创新”，在理论与科技上保持领先地位。哈佛大学发明的自动按序控制计算机——马克1号在科技厅中展出；在哈佛大学多所博物馆中，处处有各学院的创新成果，很多还是世界第一的创新。这方面的建设，有力地支持了哈佛大学世界排名最先的地位。北师大在向世界一流大学奋斗的历程中，理论与科技创新具有重大意义。今天的一流研究，可能将成为明天的一级学科。因此，支持各学院、各研究院和中心的一流研究，是非常重要的。

当然，访学也需要交流，要讲好“中国故事”。在哈佛大学访问期间，我有过6次讲演，分别是应邀参加哈佛大学“中国论坛”分论坛发言、在“布朗第一届中国峰会2014”的主题讲演、在哈佛大学经济系讲演中国经济改革、在哈佛大学应用科学学院介绍中国的绿色发展指数、在哈佛大学燕京学社剖析中国经济发展前景、在肯尼迪学院做“从中国视角看宏观经济与可持续发展”的告别讲演。

2014年4月18～20日，哈佛大学第十六届“中国论坛”成功举行，近千人从世界各地前来参加本届论坛。美中关系全国委员会主席奥林斯（Orlins）、库珀（Cooper）、傅高义（Vogel）、澳大利亚前总理陆克文等多位哈佛大学著名教授，世界银行、中国工商银行、国家开发银行、泰康人寿保险、摩根士丹利、海航集团、腾讯、万科等中外知名企业的领导出席本次论坛并致辞或演讲。年轻的大学生、哈佛大学“中国论坛”主席王子瑶在桑德斯剧院宣布论坛开幕。我在其分论坛中，以“推进国有企业民营化的障碍”做了主题发言。我从解读党的十八届三中全会提出的“积极发展混合所有制经济”“投资项目允许非国有资本参股，允许混合所有制经济实行企业员工持股”等政策入手，概述了推进国有企业民营化问题应解决的五个障碍。一是要从理论上反思“社会主义就是要消灭私有制”

的传统理念，要从现实出发，看到私有制与公有制各自的功能与优劣，走混合经济的道路。二是要从国民经济整体布局来考虑国有企业民营化，准确界定公共投资和不同国有企业功能，从实际效果出发来引入民营资本。三是要从资源优化配置角度推进民营化，而不是全行业所有层次、同等程度的民营化，政府职责与企业社会责任均要有承担者及其作为。四是要有法律契约和严格监管，国有企业民营化不能只是政府一纸行文和部门操作，须有不受政府换届影响的法律保障。五是要有公平、公开的民营化，招投标过程要防止官商勾结的暗箱操作。

4月5～6日，我应邀参加“布朗第一届中国峰会2014”会议，本次年会以“我的中国梦”为主题。会上，我做了“解读五环中国梦”的主题讲演。我首先从经济数据上分析了中国梦，解析了中国经济增长供求的七大因素——“三驾马车”（投资、储蓄、消费）和“四个轮子”（劳动、资本、技术和资源环境），认为中国经济仍会继续增长。“中国梦”是什么？我认为有五点：一是追求和平的梦——中国经济和平崛起，保卫和平匹夫有责。其中一个“和”字能够深化对“和谐与斗争”关系的思考，也有助于理解社会主义市场经济。二是追求幸福的梦，要深化改革、理顺体制，才能使人民真正幸福。并专门分析了“为什么中国贪污问题非常严重，制度的问题到底在哪里”等关系幸福的热点话题。三是在讲到中国梦是传承文明的梦时，引用习近平总书记不久前在欧洲对中华文明全面阐述的系列观点，提出我们要反思对传统文化的大批判，反思对宗教信仰的全否定等。四是在讲到中国梦是奉献世界的梦时，引用习近平总书记“穷则独善其身，达则兼善天下”的新立意，同时介绍了我国各界（包括经济与资源管理研究院）的绿色发展研究，力图为中国、为世界做贡献的愿望及课题进展。五是重点讲中华复兴梦。会后，我收到了布朗中国峰会主席刘佳妮充满激情的感谢信。

查阅国际化合作记录，我大致统计了一下，截至2018年，我去过亚、非、拉、欧、澳近40个国家和地区，开阔了视野、丰富了知识、增长了见识，在科研与教学国际化方面颇有收益。

4. 幸福成长，快乐学习——两次经资院院庆的怀念。

回想十八年前，从侯万军、田辉二位学友陪我于2001年6月1日来北师大报到并获批组建一个独立建制的研究所，到现在发展为有30多位老师的研究院；从和师生们不计假期，全力完成对国有益的诸多重大课题，到一次次领回各种奖项与师生分享喜悦；从每年的科研、教学，到春游、秋游；从参加各种论坛、研讨会，到派研究生出国或赴港澳参加短中期锻炼；从迎来一批批学生，到把学业结束的硕士、博士一批批欢送赴职，其中有太多的故事和经历让人记忆犹新。这里，仅以我们三周年所庆和九周年院庆为例表达一下思念与感慨吧！（注：经济与资源管理研究所于2006年6月改为经济与资源管理研究院。）

（1）北师大经济与资源管理研究所三周年所庆。

这是与北师大实验小学和实验幼儿园共同举办的，主题是“做新世纪的好儿童、好少年”。北师大实验小学130个活泼聪颖的小学生和北师大实验幼儿园40个机灵可爱的小朋友、经济与资源管理研究所的全体师生、北师大史培军副校长，以及几位德高望重的经济学界老前辈，在英东学术会堂共同度过了一个难得一聚的儿童节。

为什么所庆会时逢儿童节？这源自我参加于光远老先生八十大寿时，听于老讲“现在是新世纪了，我也要做新世纪的好儿童”这句话而受到的启发。于光远老先生最先出现，虽然他是被推着轮椅来会场的，但是那句“坐轮椅走天下”的表述让会场响起经久不息的掌声。中国人民大学经济系名誉系主任、国务院学位委员会经济学科评议组召集人宋涛先生精神矍铄地在掌声中入场，受到大家的热烈欢迎。中共中

北师大经济与资源管理研究所三周年所庆

央农村政策研究室主任兼国务院农村发展研究中心主任、中国农村经济体制改革的主持者杜润生老先生在老伴的陪同下满面笑容地走过来，当他老伴介绍杜老今年已91岁高龄时，全场爆发出热烈而满含敬佩的掌声。我的博士导师、71岁的张卓元先生成了现场最年轻的嘉宾。曾任中国人民大学校长、中国金融学会名誉会长的黄达先生由于有重要会议不能亲自到现场，托人送来了节日祝福的录像带。

小朋友们给经济学家爷爷们佩戴红领巾并献花。两个年仅3岁的小朋友在《生日快乐》的音乐声中走上讲台，用稚嫩的声音祝贺经济与资源管理研究所3岁生日。献上歌舞后，孩子们开始提问题，这是一场跨越80年的对话，是三位90岁老先生和一群10岁左右的小朋友们的对话。孩子们的问题很多，如："您小时候淘气吗？""经济是什么？""为什么有'钱'的出现？""遇到挫折时是什么样的心态，怎么办？""中国的经济会发展到世界第一吗？"一个小女孩还问于光远老先生："您原来是清华物理系毕业的，为什么选择研究经济？"……在一阵阵热烈的掌声中，三位老先生回答了孩子们的问题，讲了对孩子们的希望。杜润生老先生高兴地祝孩子们节日快乐，并语重心长地对小朋友们说："你们生活在社会主义环境下很幸福，国家为你们创造了很好的环境，让你们可以快乐健康地成长，但是不要忘记还有很多不幸的残疾儿童和贫困的孩子，你们将来要努力地去关怀他们、帮助他们。"作为北师大校友的杜老1930年考入北平师范大学文史系，1932年参加革命，一生中尤其是改革开放以来为国家做出了重大贡献。宋涛老先生看到聪明伶俐的孩子们非常高兴，他说自己一生经历了抗日战争、解放战争、中华人民共和国的建设等许多历程，有艰难险阻也有幸福，他鼓励孩子们要准备经历磨炼，不断成长，并希望孩子们去思考自己能为祖国的富强做些什么。

于光远老先生谈起了自己写的关于9岁孙女的书——《菲菲——我的观赏动物》，并且提出“少年建设之城”的计划，于老称之为“南瓜城”，城内公民年龄为7~13岁，由孩子担任市长、部长等，孩子们在城里生活、管理城市。他还即兴哼起了《南瓜市市歌》，引来孩子们欢快的笑声。于老称自己为“玩学家”，告诉孩子们要“注意玩的文化，掌握玩的技术，发展玩的艺术”，还说：“人之初，性本玩，学到老，玩到老。”于老确实童心未泯。于老说：“你们提了不少问题，我也提一个问题：人变老很容易，可是变小就困难了，怎样才能让我变小呢？”一个小女孩马上站起来回答说：“长相是不可能由老变年轻的，但是心可以，只要有一颗年轻的心，人就永远不会老。”这句话引起了听众的掌声，三位老先生也笑了。孩子们被老先生精彩的谈话所鼓舞，纷纷表示要好好学习，将来要做大贡献。

在张卓元老师对孩子们的儿童节祝贺后，嘉宾们与孩子们的对话结束了，不过，孩子们意犹未尽，那么多小手仍然高高举过头顶。

听着老先生们的讲话，我内心有一种发自肺腑的感动。我们正是在这些理论与实践大师们的指导和支持下，一步步提升了家国情怀和治学水平，他们今天的到来，对我是多么大的信任与支持！于光远、宋涛、杜润生三位老先生现均已仙逝，谨在此表示永远的怀念！

（2）北师大经济与资源管理研究院9周年院庆。

2010年6月1日，北师大经济与资源管理研究院成立9周年庆典在英东学术会堂隆重举行。这是因我满60周岁而主动要求辞退院长之职的一次大会。国家行政学院党委书记魏礼群、教育部部长袁贵仁分别以不同形式对经济与资源管理研究院的院庆表示祝贺。全国人大常委会委员、民建中央副主席辜胜阻，国家行政学院人事局局长樊秀萍，来自教育部、全国工商联、中国社会科学院、北京大学、清华大学、中国人民大学，以及联合国教科文组织国际农村教育研究与培训中心、世界银行驻中国代表处、美国芝加哥气候交易所等机构的有关领导和专家出席典礼。校党委刘川生书记高度评价了经济与资源管理研究院的发展，并用“人少成果多，院小贡献大，和谐大家庭，优秀带头人”这四句话高度评价了我的工作。典礼上，北师大董奇常务副校长代表钟秉林校长宣布聘任我为经济与资源管理研究院名誉院长。党委组织部部长刘利宣布聘任来自哈佛大学的胡必亮教授为经济与资源管理研究院新任院长。教育部社科司张东刚副司长、北京大学刘伟副校长等多位嘉宾分别发表了热情洋溢的致辞。在大会上，我和我的博士导师、中国社会科学院张卓元学部委员一起，将我9年来撰写和主持编著的24本著作赠送给了国家图书馆、清华大学图书馆、北京大学图书馆、中国人民大学图书馆、中国社会科学院图书馆、北京师范大学图书馆。北师大相关职能部门和院所的多位负责人共同参加了庆典。

5. 借助平台，服务社会。

在高校里，科研、教学是最重要的工作。除了编写好教材外，我认为参与、搭建各类交流平台，通过各类联系实际的课题带队伍、育人才是最重要的，也是收效明显的。2006年6月，因发展的需要，学校支持并批准经济与资源管理研究所升为研究院，为我们的发展提供了更好的条件。在学校的支持下，我参与主持或建成了若干个国内科研合作平台，提升了研究院的作用与影响，也为研究生的成长提供了更多的机会。下面，仅简介三个影响力较大的平台。

（1）教育部社会科学委员会经济学学部。

教育部社会科学委员会是2004年由教育部成立的。2008年，我和厦门大学胡培兆教授被推选为第二届教育部社科委经济学学部召集人。直接指导经济学学部活动的有社会科学委员会顾问、中国人民大学老校长黄达教授，社科委主任、北京大学老校长吴树青教授和厉以宁教授，社科委副主任委员、南京大学党委书记洪银兴教授和武汉大学校长顾海良教授。经济学学部委员有：中国人民大学前副校长杜厚文和副校长袁卫两位教授，北京大学林毅夫教授，中央财经大学校长王广谦教授，南开大学前副校长朱光华和薛敬孝教授，复旦大学华民和姜波克教授，浙江大学史晋川教授，上海财经大学校长丛树海教授，西南财经大学前校长王裕国教授，南京大学刘志彪教授，对外经济贸易大学副校长林桂军教授。

2009年，经济学学部杭州会上确定了把学部秘书处设在北师大经资院。秘书处秘书长由北师大社科处处长刘复兴和

教育部社会科学委员会经济学学部委员合影

范立双先后承担，我院赵峥博士和荣婷婷博士分别担任了我的助理和副秘书长。此后5年，举办了5次年会。

教育部社会科学委员会经济学学部年会

时间与承办单位	研讨主题	考察安排
2009年9月 浙江大学	（1）讨论《教育部社会科学委员会章程》（2008）和《关于加强教育部社会科学委员会学部工作的通知》（2009） （2）研讨“国际金融危机对中国民营经济的影响”	赴千岛湖考察民营企业
2010年6月 上海财经大学	（1）讨论与落实教育部《高校哲学社会科学战略规划研究工作方案》 （2）研讨“世博会、长三角与中国经济发展”	上海世博会的参观与调研

（续表）

时间与承办单位	研讨主题	考察安排
2011年4月 西南财经大学	《经济学战略规划研究》初稿讨论修订	实地考察都江堰和汶川灾后重建工作
2012年5月 南京大学	讨论“高等学校创新能力提升计划”（即“2011计划”）	考察秦淮河河道清理，在南京军区体验军旅生活
2013年10月 南昌大学	研讨“发挥高校智库作用”	参观“小平小道”，参观瓷都景德镇

这里，要特别感谢浙江大学、上海财经大学、西南财经大学、南京大学和南昌大学，这几所高校在2009—2013年支持与协助经济学学部成功举办了各年的年会，每次年会都安排得精彩周到，会议交流充分，还科学考察了当地的文化风情，委员们均感收获很大。

经济学学部活动期间有一任务值得提及。2010年12月10日，经教育部社会科学委员会经济学学部集体讨论通过的“经济学战略规划研究”课题，被教育部社科司正式批准为2010年度高校哲学社会科学战略规划研究专项委托项目（教社科司函〔2010〕303号），并下发到各委员所在高校。黄达、吴树青、胡培兆、杜厚文、朱光华、薛敬孝等6位教授组成了评审组，由学部召集人胡培兆教授牵头联系；承担撰写任务的各委员由我牵头联系。2011年4月15日，各课题均完成并提交，汇总约10万字在成都年会讨论。会上达成共识：一是按照教育部下发的文件修改体例，紧扣“十二五”规划的框架和结构，确实做到以问题为导向；二是规划内容坚持“不重复”和“不缺失”两条原则；三是在规划内容中确定领域和选题时，重点突出待解决的瓶颈问题等。后来报到了教育部，供贯彻实施《国家中长期教育改革和发展规划纲要（2010—2020年）》和制定“十二五”期间高校哲学社会科学规划参考。

“经济学战略规划研究”高校工作方案写作分工

<table>
<tr><th>序号</th><th>撰写领域与报告题目</th><th>执笔专家</th><th>学校</th></tr>
<tr><td rowspan="2">1</td><td rowspan="2">“十二五”时期马克思主义经济学研究规划</td><td rowspan="2">顾海良</td><td>武汉大学</td></tr>
<tr><td>国家教育行政学院</td></tr>
<tr><td>2</td><td>经济发展理论研究战略规划</td><td>洪银兴</td><td>南京大学</td></tr>
<tr><td>3-1</td><td>宏观经济学战略规划研究报告</td><td>李晓西</td><td>北京师范大学</td></tr>
<tr><td>3-2</td><td>资源与环境经济学战略规划研究报告</td><td>李晓西</td><td>北京师范大学</td></tr>
<tr><td rowspan="2">4</td><td rowspan="2">“十二五”期间金融学科研究规划纲要</td><td>王广谦</td><td>中央财经大学</td></tr>
<tr><td>姜波克</td><td>上海复旦大学</td></tr>
<tr><td rowspan="2">5</td><td>财政学战略规划研究报告</td><td rowspan="2">丛树海</td><td rowspan="2">上海财经大学</td></tr>
<tr><td>收入分配战略规划研究报告</td></tr>
<tr><td>6</td><td>“十二五”期间国际贸易与国际投资学科研究规划纲要</td><td>林桂军</td><td>对外经贸大学</td></tr>
<tr><td>7</td><td>高校经济学研究战略规划——区域经济</td><td>史晋川</td><td>南京大学</td></tr>
<tr><td>8</td><td>产业经济学发展战略规划</td><td>刘志彪</td><td>江苏社会科学院</td></tr>
<tr><td>9</td><td>“十二五”期间世界经济学科研究规划纲要</td><td>华　民</td><td>上海复旦大学</td></tr>
<tr><td>10</td><td>“保障和改善民生、扩大消费需求”规划研究纲要</td><td>王裕国</td><td>西南财经大学</td></tr>
</table>

（续表）

序号	撰写领域与报告题目	执笔专家	学校
11	高校经济学战略规划研究——国民经济统计专题	袁 卫	中国人民大学
12	中国经济改革与发展理论研究战略规划	黄泰岩	中国人民大学（经济学学部特约专家）

此外，学部委员们还就改进和加强我国高校人文社科研究工作、教育部宏观领导、以依法治国为准绳推进高校社会科学改革发展、深化高校哲学社会科学领域综合改革、高校职称评审改革等诸多方面提出了政策建议。

作为联系人的胡培兆教授在与我交流时表示，年会不足之处表现在：一是经济学学科建设中的中国化讨论还不充分；二是没能将高校校刊如何择优进“核心期刊”列入议程，这是老师考核与博士生答辩资格中重要的一环，现投用稿供求比例太失衡了。胡教授已仙逝，在此深表怀念！

最后，要感谢教育部社科司张东刚司长，多年来他每会必来，并亲临现场指导；感谢来自社科委的4位主任，感谢黄达教授、洪银兴教授每会必到的指导；感谢来自12所高校的15位委员们的精诚合作。与这一批著名经济学前辈和教授们的交流，促使我了解了教育规律，丰富了个人治学的经历与经验。原预定2014年召开换届年会，但因多种原因，此年会没有如期举办。经济学学部下一步的活动会在新一届委员会与召集人确定后再开始。

（2）首都科技发展战略研究院。

2009年9月，北京市人大常委会在审议市政府关于推动高新技术专项报告时，建议由本市与中央单位共同组成首都科技创新组织，市科委据此提出组建“首都科技发展战略研究院”（以下简称“首科院”）的规划，由科技部、中国科学院、中国工程院、北京市人民政府共同发起建立，北京师范大学、北京市科学技术委员会和北京市科学技术研究院共同承建。在我校领导尤其是葛建平副校长的推荐下，市科委与北师大于2010年7月中旬达成了合作协议，并推举我为首任院长。2011年8月10日，首科院在国际饭店宣布正式成立。科技部副部长张来武，市委常委、市委教育工委书记赵凤桐，中科院党组副书记方新，中国工程院副院长干勇，代表共建单位为首科院揭牌。北京市委书记郭金龙任首科院名誉理事长，中国工程院副院长干勇为首任理事长，北京市人大常委会主任杜德印任特邀顾问。各方达成的共识是：研究院是立足首都、面向京内外研究机构和专家的开放式研究平台，旨在发挥首都科技和智力资源优势，凝聚和建设高端化、国际化、开放式的科技战略研究人才队伍，承担或组织首都科技发展重大战略前瞻问题研究，为首都科技发展战略决策提供政策建议，为加快转变首都经济发展方式及提升首都自主创新能力的战略决策提供咨询，是一个服务于首都科技发展的“智库”。

首科院成立后，我立即组织、联系专家和经资院师生们，在研究和总结国内外科技创新发展战略的基础上，提出了首都科技创新发展研究的体系架构，重点开展了三个方面的专题研究：一是首都科技创新发展指数研究，对与此相关的多个方面的进展与不足进行质与量结合的分析；二是根据国家重要的规划和中央领导对首都的要求，集中进行首都科技创新发展战略研究；三是根据北京市每年一批科技项目的申报与完成，选取其中优秀或重要的研究成果，特别是反映战略性新兴产业发展的成果，经过首科院审改后汇编展示。在此思路下，在与相关方沟通后，我主编并出版了《首都科技创新发展报告2012》。报告共分三大篇：指数篇、战略篇和产业篇。因为这是首次研究与发布首都科技创新发展指数，因此，我组织我院师生成立了一个首都科技创新发展指数报告（2012）课题组。课题测算小组先后由姜欣、刘杨、石翊龙博士负责，成员有荣婷婷、刘杨、朱磊、周键聪、石翊龙等，赵峥博士和范世涛博士后协助我负责与指导。课题测算小组完成了20多万字的《首都科技创新发展指数报告2012参考资料汇编》，初步梳理出近3000个相关指标。我先后组织了5次专家会议，经讨论、分析后，确定了创新资源、创新环境、创新服务、创新绩效4个一级指标及14个二级指标、62个三级指标的首都科技创新发展指数测算体系。国际横向比较部分选取了3个一级指标、14个二级指标的比较指标体系，对10个发达和新兴市场的国际都市，通过无量纲化标准处理得出城市的排名情况。此后，我主持了《首都科技创新发展报告2013》和《首都科技创新发展报告2014》两份报告。基本框架是根据新形势，在“总论”中增加了新形势、新任务的概括，同时增加了“篇”，如《首都科技创新发展报告2014》分为“指数篇”“战略篇”“京津冀协同创新篇”“产业篇”和“政府治理与改革篇”。每一篇分别围绕主题，从不同角度、不同研究层面为首都科技创新发展提供了决策支撑。在《首都科技创新发展报告2014》的“总论”与“战略篇”中，突出了习近平总书记视察北京并明确全国科技创新中心战略定位的重要指示，提出落实总书记指示的“五个结合”的策略思路，即“驱动与带动相结合、改革与激活相结合、权益与责任相结合、聚合与发散相结合、总体战略与阶段目标相结合”。

2012年9月6日，北京市人大杜德印主任在获知我们完成《首都科技创新发展报告2012》后，特意前来北师大与校领导亲切会谈，在交流大会上做了重要讲话。他希望首科院积极发挥政府科技管理规划智囊作用，以首科院“小核心”促进中央和市属科技创新资源统筹研究的“大平台”建设。北师大党委书记刘川生、校长董奇出席和主持了会议。2012年9月13日，北京市科技创新大会在北京会议中心举行，首都科技各界人士1000多人参加。在大会期间，《首都科技创新发展报告2012》正式发布。报告产生了广泛的影响，北京卫视、北京财经和北京科教等多家电视台，科技日报、北京日报、新京报等数十家报纸对其进行了专题报道。此后几年，《首都科技创新发展报告》均配合北京市科技创新大会进行发布。课题推动了教学，以2012年为例，一年的时间内，有1名以创新为研究方向的博士后工作人员出站，2名博士和5名硕士完成了创新研究论文并顺利毕业。

这里特别要指出的是：2012—2014年三个年度的《首都科技创新发展报告》，凝聚了首科院研究人员和各课题组人员的劳动和汗水，得到了政府和社会各界的广泛支持，请允许我对所有参加撰稿的专家表示感谢。每一篇、每一章都有不少单位的专家或研究者参加，需要感谢的单位与个人太多了。以2014年的“产业篇”为例，专题遴选了北京能源互联网、无人机与航空应用服务、智能机器人、大数据助推高端装备、移动通信（4G）、能源消费、生物医药及现代服务等新兴产业，探讨了有关产业政策、发展路径、技术创新等方面的研究。这些都凝聚着各产业企业优秀领导人的心血，这里一并表示衷心的感谢！

（3）城市绿色发展科技战略研究北京市重点实验室。

2013年6月20日，以北师大、首科院为依托单位，由北师大经济与资源管理研究院、北师大生命科学学院和北京决策咨询中心共建的“城市绿色发展科技战略研究北京市重点实验室”成功获批。实验室实行学术委员会指导下的主任负责制，根据研究方向和研究需求，设立不同的研究小组。我被批准为重点实验室中心首任主任，学术委员会主任为国务院发展研究中心副主任卢中原教授。学术委员会委员有：葛剑平（北京市政协副主席，北师大副校长、教授）、胥和平(国家科学技术部调研室主任，研究员)、侯万军（国务院研究室科教文卫司司长）、颜振军（北京市人大常委会教科文卫体办公室副主任）、丁辉（北京科学技术研究院院长）、胡雪峰（北京市委研究室副主任）、周武光（中关村发展集团股份有限公司副总经理）。实验室特聘顾问是联合国工业发展组织副总干事Wilfried Luetkenhorst先生、UNIDO环境管理司Heinz Leuenberger司长和新加坡国立大学资深研究员杨沐先生。

作为北京市高校中第一个文理交叉的北京市重点实验室，其紧密围绕建设“科技北京”和“绿色北京”的战略任务，结合首都城市发展和产业技术发展，尤其是战略性新兴产业发展的需要，开展首都科技战略、科技支撑、科技评估系统、科技政策法规等方面的研究，为北京市科技发展提供科学决策支持。实验室力求打通学科之间的差异，发挥文理交叉的优势，并集中力量打造“绿色经济”优势学科。为了研究北京市绿色发展面临的现实和亟须解决的问题，实验室成立了6个研究小组，分别是城市雾霾问题研究小组、城市垃圾处理研究小组、城市污水处理研究小组、城市绿色建筑研究小组、城市绿色能源研究小组、城市绿色产业研究小组。经济与资源管理研究院有18位老师参加，还有合作单位与15位研究生参与合作研究。在各方的支持下，在实验室全体成员与合作者的努力下，各研究小组的成果汇编成为《2014—2015年城市绿色发展科技战略研究报告》，由北京师范大学出版社正式出版了。

由于主持及参与了首科院和实验室的工作，我被推选为第十四届北京市人大代表，参加北京市人大科教文卫组的活动。在此对北京市领导的关心和各界各方的支持表示感谢！特别要对邀请我与夫人在天安门观看抗日战争胜利七十周年“九三阅兵”盛大检阅表示衷心的感谢！

2015年7月13日，学校下达了2015年第2号文件，正式同意经济与资源管理研究院上报的报告，同意关成华同志任实验室主任，我不再担此重任，实验室研究进入新阶段。

6. 教学相长，培养人才。

研究院培养研究生的一个重大特点是：鼓励并带领硕

士和博士研究生积极参与各种重大课题，参加国际培训交流，鼓励博士后在本职专业上强化交流以多出成果；在实践中，发现研究生各自的兴趣和才能，给他们提供不同的发展机会，实施“因材施教”。我认为，互相鼓励、取长补短，是教学相长的过程，也是共同完成一项项联系实际的各类课题而出成果的过程。研究生在从事课题的研究中，训练和培养了发现问题、解决问题的能力，提升了理论联系实际并承担、完成各类任务的能力；老师则在与研究生的交流中，获得了大量信息与新技术、新手段，保证在科技进步大潮中提高水平。经济与资源管理研究院（包括我自己）主持的大量课题，包括获各类奖项的课题，在各类成果的“后记”中，都能看到对合作伙伴及历届研究生所承担工作的表扬，以及对学友们表达的感激之情。教学相长中培养着人才，教学相长中也提升了师者自己。10多年来，我看重学生，与学生平等相待，尽力帮助。除学习外，我还要求学生们学会做饭、炒菜，学会生活，发现生活的乐趣；组织春游、秋游，组织参观沈阳世界花博会和北京响水湖长城、杏林山庄，参观抗日英雄纪念馆，组织京师学堂名人论坛，请前副总理李岚清先生来校讲音乐与人生，请著名诗人汪国真来校演讲等，以拓宽学生们的视野，形成研究院友爱的气氛。师生之间，感情深厚。感恩2018年我70虚岁时，师生们欢聚一堂，共叙合作之愉快、为国效力之担当。

我承担培养的研究生们非常勤奋好学，成果与奖项颇丰。据院负责研究生工作的范丽娜老师和岳鸿飞博士初步统计，从2001年创院到2018年6月，我先后培养博士后21人、

2018年3月4日，李晓西70岁庆合影

博士74人（包括我在中国社会科学院和西南财经大学承担培养的博士生）、硕士50人。在研究学习阶段，学友们的科研成果多次获奖，先后有80人次获得北师大学业奖学金、新生奖学金、社会实践奖学金、抗震救灾精神文明奖、研究生学术新人奖、"华藏"奖学金、"宝钢"奖学金、"通鼎"奖学金、综合奖学金——学术优秀奖、安子介国际贸易研究奖（学术鼓励奖）、中国发展基金奖，以及北京师范大学优秀博士论文、优秀研究生、优秀毕业生、优秀党员等称号。其中有一篇博士论文获得了2005年"全国百篇优秀博士论文"提名，有2位博士、2位硕士获得了国家奖学金奖项。毕业生走向工作岗位，常有进步和成功的消息传来，使我很欣慰。当我在海内外开会、考察、访学时，经常遇到承担重要责任的学友，听到大家各方面的好消息，心甚乐之，确有桃李满天下之感也！

对在北京师范大学的工作与治学历程，我常常怀着感恩与受教的心情，怀着向百年老校致敬的心情，想归纳一句：百年师大精神就是“辅仁博爱，励耘育才”[①]，并特致一长联[②]，祝愿北京师范大学越办越好。

文史哲政经法，通今知古，启明播文，蓄才华而敛张狂，皆因同走辅仁路，百年长径感有幸，迎贤人志士一脉脉相承相传立世范；

数理化天地生，巡天揽月，疏水治地，植桃李而化木钟，源系共进励耘楼，世纪殿堂深无语，助大智栋才一代代共生共长志创新。

---

① 应校报约写关于校园文化建设而作。《李晓西教授：辅仁博爱 励耘育才 探百年师大精神》，北京师范大学校报，2007年9月20日第2版。

② 2008年4月15日，北京师范大学宣传部应《光明日报》“大学生活”专版所需，邀我写100字以内的教师寄语，我于次日交上百字对联。

贰

学术贡献聚“三化”

主要学术贡献，源于为中国改革开放提供理论服务。较成系统或影响较大的理论贡献可归纳为“三化”成果：一是中国经济体制市场化改革方面的理论成果；二是宏观经济学中国化的理论成果；三是经济发展绿色化的理论成果。

一　中国经济体制市场化改革方面的理论成果

我在经济体制市场化改革方面的研究有两个重要阶段：20世纪80年代末，为中国经济体制如何从计划经济走向市场经济而展开研究；进入21世纪后，则为应对国际上的反倾销而进行的中国市场经济地位而展开研究。下面分述之。

1. 市场化研究的第一阶段：20世纪80年代，正是改革开放的初期。

我们这一代人，对计划经济失误所造成的后果有切身的体会。作为“文化大革命”后恢复高考进入大学的第一批人，有机会进入北京并在中国社会科学院继续攻读研究生学位，对改革开放是充满着热情与信心的。因此，当有机会在改革舞台上扮演一定的角色时，我们都坚定地支持并参加改革开放的理论研讨与实践。

这里，主要回顾三份代表作，以此介绍自己在市场化研究方面的进展。

第一篇论文是《从双轨制到市场化》。此文发表在《财贸经济》1987年第12期上。“价格双轨制”是1984年在全国第一次中青年经济工作者理论研讨会（即“莫干山会议”）上提出来的。在此之前，价格管理中也有过类似规定，但形成很大影响并被推崇为经济改革的主要思路，则始自这次会议。我参加了价格组，对“莫干山会议”上价格改调意见听之甚多，概括起来，我认为大致有三种主张：一种主张认为价格以调为主，以国务院价格研究中心田源同志为代表；一种主张认为价格以放为主，以张维迎同志为代表；还有一种主张认为搞价格双轨制，以中国社会科学院华生等同志为代表。回过头来看，“以调为主”的思路是在计划价格的大框架内进行改良的思路，有许多重大困难解决不了。比如，要调整价格，首先要提出合理的价格水平，但离开市场是不行的。尽管当时借助影子价格或最优计划价格在做计算，但算出来的价格不能反映真实供求变化，价格水平偏离实际，不能为实际部门所接受，因此，这种计划价格优化思路在实际中是行不通的。价格“以放为主”，方向正确，但当时各方面条件都不成熟，此时放开价格，可能欲速则不达，反而会导致改革失败。多数人认同价格双轨制的观点，认为这种做法一方面冲击了旧的价格体系，另一方面也可以形成新的价格机制。这种思路，后来得到了中央有关领导同志的首肯。价格双轨制成为价格改革的一项重大政策出台了。当时正在搞生产资料价格改革，因此，就首先在生产资料价格上搞起了双轨制。应当说，价格双轨制对计划价格体系给予了有力的冲击，计划外价格对调动生产资料生产企业的积极性也发挥了作用。但是，这是制度化的双轨制，破旧有功，立新不足。1986年，国务院发展研究中心价格组组织了全国中青年经济理论工作者商品流通理论讨论会，在山西大同召开，由价格组组长乔刚同志主持会议。在这个会议上，我提出了关于用市场化取代双轨制的设想。回京后，我与宋则同志合作，写了这篇《从双轨制到市场化》的文章。当时任《财贸经济》编辑部主任的张魁峰老师，将此文安排在当期的首篇，增加了文章的影响力。文中我们肯定了双轨制在“破旧”方面的作用，但也指出双轨制在“立新”上是无法胜任的；生产资料价格上的双轨制，并不是经济改革的“双轨过渡”，而是政策规则的双重化。因此，我们主张通过市场化，把规则统一为市场规则。这样，由计划一轨到计划内外双轨，再到以市场规则为主线的一轨，就成为改革的必然过程。事实上，1984年我完成的硕士论文，已在调研基础上，就农产品价格问题，提出过“指导性计划价格模式”，其主导思想是要对“统派购”的农产品价格放宽行政管理，要随行就市。1986年，我在中国人民大学的校刊《经济理论与经济管理》第4期上也发表了《统一的市场价格模式论》一文，这是在农产品价格研究的基础上，基于因价格双轨制改革后出现的新问题即市场不统一的问题，而提出的统一的市场价格目标模式。文中强调了计划内、计划外市场的同一基础——商品经济基础上的一致性，也提出了通过政府参与、干预和监督价格的管理，形成以计划价格为主导、以自由价格为主体、多种价格形式并存的价格目标模式。边勇壮和石小抗两位博士生在那段时期与我有过合作，在讨论的基础上每人主笔一篇以3人名义发表的文章。该文是以3人名义发表的，在此，谨对30年前的学术伙伴表示感谢。

这里把《从双轨制到市场化》一文的架构与要点再补充介绍一下。文章的标题是“经济体制改革总思路的调整”。第一部分的标题是“双轨制可以‘破旧’，但不足以‘立新’”，文中说道：价格双轨制不属于通常所说的经济性差价，而是由行政干预所形成的行政性差价。计划内一轨的经济运行受到无规则市场的侵袭，原有的宏观直接控制的效力锐减，而间接控制又远未形成；市场调节一轨的经济运行受到无规则计划的干预，正常的市场自由度被种种附加条件所扭曲，出现了新体制不新、旧体制不旧的“两不像”“双无序”态势。第二部分的标题是“市场化改革思路是深化改革的唯一选择”，文中说道：单项改革难以推进，必须进行综合研究、配套改革。现在的问题是以什么为轴心来组织配套改革最为有利？以价格为轴心的配套改革十分重要，但也有局限性，合理的价格要靠健全的市场来提供；价税联动尽管是重要的，但价格不通过市场去形成，价税联动就缺乏市场基础；以企业为轴心的配套改革，首先遇到的障碍是市场环境的紊乱；以宏观调控方式为轴心的配套改革需要有可供调控的灵敏的市场传导系统。可见，方方面面的改革都同市场体系有关，而在市场发育过程中所遇到的问题，归根到底要靠市场机制来解决。因此，市场化改革的思路是深化改革、推动商品经济发展的唯一出路。第三部分的标题是“对若干疑虑的回答”，重点回答了“市场化改革的新阶段会导致一场猛烈的通货膨胀吗”“加快市场化改革进程的主客观条件是否已基本具备”“市场化排斥宏观计划指导吗”这些问题。答案是：我们所力主的市场化改革，可为计划有效地管理市场提供客观基础。市场化不等于自由化，更不等于无政府主义。它使政、企在更高层次上分家，政府干政府应干的事，企业干企业应干的事。市场化配套改革是否想毕其功于一役？我们的回答是：市场化配套改革是一种战略思想，而不是战术思想。在推进市场化的进程中，显然会有不同的阶段，会有一定的顺序和步骤。

第二篇论文是《深化改革的战略选择》。1986—1987年，国家体改委在几大科研单位和大学征集改革思路和方案。在中国社科院刘国光副院长和财贸所张卓元所长的支持和直接领导下，我曾组织12位博士完成了10万字的市场化改革报告——《深化改革的战略选择》。总报告是1987年最后两个月完成的，全部报告发表在《经济研究参考资料》1988年7月期。这篇报告不仅是个人的成果，更是集体的成果，是一篇关于市场化改革的总报告。我的多位学友参与了这一课题，他们每人就市场化改革的某一领域提交了分报告：王逸舟博士完成了政治体制改革方向的报告，樊纲博士完成了企业股份化方面的报告，王振中博士完成了外贸体制改革的报告，李庆曾博士完成了农村经济体制改革的报告，宋则副研究员完成了分配市场化的报告，路戎（即刘溶沧）研究员完成了财政体制改革的报告，范棣博士完成了金融体制改革的报告，巩文波副教授完成了商业体制改革的报告，杨仲伟副研究员完成了关于市场化改革区域突破的报告。他们的报告不仅有思路，还有理论基础为依托。我作为此项活动的组织者，承担着总报告和价格改革市场化分报告。总报告第二部分的内容吸纳了分报告的诸多成果，由忠东博士汇总了初稿。黄小祥博士承担总报告第三部分的初稿。我自己执笔了总报告的第一部分，并对总报告全文进行了修改和统稿。总报告计1.5万字。

应提到的是，我将市场化的总论和9篇分报告寄给《世界经济导报》，刊发了4篇。其中总论一篇，由我执笔，署6个人的名字，分别为李晓西、王逸舟、樊纲、忠东、王振中和宋则，题目是《市场化改革思路的主要特征与内容——深化改革的战略选择》，发表在1987年11月的《世界经济导报》上。文中主张建立"市场经济基础上的社会主义"等观点在国内理论界和新闻界反响很大，国内杂志与报纸给予了广泛的报道，学术界对其也高度关注。此文后获1993年《中国经济年鉴》改革以来优秀论文二等奖（一等奖空缺），在2005年被中国社会科学院经济所选编的三卷本《中国经济学百年经典》收录。此外，樊纲关于股份制改革、王逸舟关于政治体制改革和我关于价格体制改革的3篇报告被《世界经济导报》先后登发。要说明的是，中国社会科学院上报国家体改委的总思路是稳中求进、双向协调，我们共计10万字的市场化改革报告，没能列入国家体改委主持的《中国改革大思路》一书，但能引起相关部门的关注，我们也很受鼓舞了。

这里，把《市场化改革思路的主要特征与内容——深化改革的战略选择》一文的要点简单阐述一下。文章一是分析了深化改革的困难，即双轨并行的过渡体制与潜伏的恶性循环使经济运行中的干扰和摩擦骤增，经济改革已处在一个关键时刻。二是特别强调了市场化改革目标——建立在市场经济基础上的社会主义，只有建立在市场经济上的以指导性为主的计划，才可能促使全社会成员都发挥首创精神，才可能使计划建立在经济规律之上。三是提出了市场化改革的内容，即所有的经济领域和环节：大步推进各类市场的发展；大步、大面积引入包括竞争、风险、供求机制在内的市场机制；建设市场运行中的各种经济组织，发展多种所有制经济，形成自主经营的企业；改造和健全社会主义经济的计划功能，确立国家对经济有效的计划调节，实现“国家调节市场，市场引导企业”；建立、完善各种经济法则和法制机构，通过法律重新确认财产所有权。

第三篇论文是《我国转向市场经济的战略、内容及其他》。本文是我较全面地展开对社会主义市场经济认识的代表性论文，有3万多字，被收入1993年7月江苏人民出版社编的《我的市场经济观》一书中，交稿时间大约是1992年底。据我所知，集老、中、青三代经济学家论文的《我的市场经济观》一书，正是在中央提出社会主义市场经济时出版的，因此在社会上有较大反响。出版社编辑在本文前加了一个简介，比较全面地介绍了论文的倾向性和主要内容，这里就利用这个简介，不再赘述了。

出版社的编者按：本文不仅对市场经济的基本理论进行有针对性的探讨，而且还从走向市场经济的具体途径、困难和战略、策略进行总体的阐述。社会主义市场经济是伟大的历史性尝试，只有勇气、胆略和才识还不够，还应相信人民在创造市场经济方面的天然本领，要与人民一起，去迎接新世纪的挑战。本文从四个方面论述了“通往市场经济之路”。一是要清除通往市场经济之路的思想障碍，要真正明白市场经济，相信市场经济，才能大干市场经济。通过正面阐述包括产权明晰、交易自由、企业平等内容的市场经济的基本理论，以消除人们对市场经济的一些顾虑、担心和不信任。第二部分重点阐述了向市场经济过渡的战略，是激进与渐进的结合，既不能只搞渐进式改革，也不能不顾条件去搞激进式改革，二者必须结合。文中用了突变论的理论对此进行了论证，并认为现在到了改革迈大步的关键时刻了。第三部分论述了向社会主义市场经济转变的主要内容，即：政府干预适度化，社会管理法制化，宏观调控规范化，市场主体多元化，国有私有平等化，经济运行市场化，计划调节间接化，经济特区全国化，对外开放国际化。第四部分主要针对当前经济发展中的问题，针对市场经济发展与计划体制的种种摩擦和冲突，提出要用市场经济的原则和办法来解决这些新问题，不能再用计划经济的传统办法来解决这些问题了。文中对现实中大量存在的传统管理办法和计划体制的政策倾向，表示了担忧，提出了批评。

1998年11月张卓元教授在为我的《20年观察与思考——李晓西论文集》作的“序”中说：“（20世纪）80年代中期，许多经济学家都致力于研究社会主义经济中如何实现计划与市场相结合的问题，李晓西同志响亮提出，中国经济改革应走市场化改革的道路。他的这个尖锐观点被有些人认为是奇谈怪论。现在看来，他的这个看法是正确的，而且比别人看得远，看得深。”

主张和阐述“市场化”理论虽曾有争论并有压力，但在导师张卓元教授的支持下，我没有停止研究。在党的十七大正式提出包括“市场化”在内的“五化”后，我们这批中青年学者备受鼓舞，对改革开放更有信心了。

2. 市场化研究的第二阶段：进入21世纪后，为应对国际上的反倾销而进行的中国市场经济地位而展开研究。

《中华人民共和国加入世界贸易组织议定书》于2001年12月11日生效，中国正式成为世贸组织成员，这意味着中国经济体制的改革进入了一个新阶段。党的十六大提出，要在2020年建成完善的社会主义市场经济体制。十六届三中全会通过了《中共中央关于完善社会主义市场经济体制若干问题的决定》。

2001年6月我因工作调动到北京师范大学后，所做的第一件大事——与市场化改革紧密相关的研究工作，就是主持撰写了《2003中国市场经济发展报告》。背景是这样的：《中华人民共和国加入世界贸易组织议定书》第15条“确定补贴和倾销时的价格可比性”中规定，中国加入WTO之后15年被视为“非市场经济国家”，在确定中国产品是否倾销或补贴的价格可比性时，贸易对手国将采用第三国的同类产品价格来判断中国产品价格是否属倾销。反倾销案发起国的调查当局如果认定调查商品的出口国为非市场经济国家（Non-Market Economy Country，缩写为NMC），将引用与出口国经济发展水平大致相当的市场经济国家（替代国，surrogate country）的成本等数据计算所谓的正常价值（normal value），并进而确定倾销幅度，施以对应的增税措施。由于替代国的选择多为成本高于中国的一些国家，因此，往往错估或高估了我国产品的倾销，使我国出口遭受不公平待遇。因为“入世”时政府有签字承诺，但没限制民间组织的评判，故我们可以作为学者对此提出异议。我们认为，反倾销是世贸组织允许采取的维护公平贸易和保护国内产业安全的合法手段，是各国公认的。中国赞成和支持这一措施，一贯反对以倾销方式扭曲公平贸易竞争的秩序，反对以倾销损害贸易伙伴国相关企业的利益，但是，中国坚决反对滥用反倾销，把反倾销变成进行贸易保护或歧视政策的手段。实际上，市场经济地位并不是反倾销胜诉的唯一条件。市场经济下，也存在不公平贸易的产品；非市场经济下，也可以有相互满意的公平贸易。同样是市场经济地位的企业，反倾销中仍然会有败诉。因此，中国要求反倾销国从实际出发对待中国的NMC问题。中国并不是追求反倾销中的优惠地位，只是要求贸易伙伴公平地对待；只希望为了公平贸易而实施的反倾销措施，不要成为扩大不公平贸易的手段。

当人们说某些国家是市场经济国家，某些企业是市场经济企业，自然要弄明白几个问题：什么是市场经济？什么是标准的市场经济，或者说什么是市场经济标准？否则，怎么会得出某些国家是或不是市场经济国家的结论？事实上，有人承认也有人否定存在市场经济标准，承认者和否定者都有各自的理由。在这里，我们可以接受国际贸易中因反倾销而提出的一个命题，即：市场经济标准是存在的；同时，市场经济标准是相对的。我们看到，被公认的一些市场经济国家，其经济制度是有差异的。没有人能断言，某个国家是市场经济标准国，凡与之有差异者就不能算市场经济国家。

各国基础不同、传统不同、发展阶段不同，市场经济的形式甚至部分内容也必然会不尽相同。但另一方面，差异并不能表明市场经济标准不存在，因差异而否定市场经济标准存在是不正确的。市场经济作为人类历史上的一种经济制度，产生于近代，繁荣于现代，与历史上的自然经济不同，也与计划经济不同，当然有其内在规定性，这种内在规定性是存在于各个发展阶段不同的市场经济国家之中的共性。从形形色色的市场经济国家中，找到共性，树起一个框架，将有助于我们在反倾销中判断到底哪些国家是市场经济国家，哪些国家还不能算是市场经济国家。更进一步分析，我们认为，承认市场经济有一定标准，但把这个标准绝对化、宽泛化也是不可取的。我们分析市场经济的标准与定位，是用于反倾销的，因此我们的研究是从美国、欧盟反倾销相关法规来看市场经济标准的。美国商业部所指的非市场经济国家是指不按市场成本和价格规律进行运作的国家，它对市场经济有六个法定要求或者说具体标准：一是货币的可兑换程度；二是劳资双方进行工资谈判的自由程度；三是设立合资企业或外资企业的自由程度；四是政府对生产方式的所有和控制程度；五是政府对资源分配、企业产出和价格决策的控制程度，要求该产业的产品数量和价格决策没有政府介入，所有重要的产品投入都是以市场价格支付的；六是商业部认为合适的其他判断因素。欧盟在1998年颁布905.98号法令，规定了五条判定市场经济地位的标准：一是市场供求决定价格、成本、投入等；二是企业有符合国际财会标准的基础会计账簿；三是企业生产成本与金融状况不受非市场经济体制的歪曲，企业有向国外转移利润或资本的自由，有决定出口价格和出口数量的自由，有开展商业活动的自由；四是确保破产法及资产法适用于企业；五是汇率变化由市场供求决定。美国直接提出国家的市场经济标准问题，而欧盟主要是讲企业和行业的市场经济标准问题，但可以看到，就其内容而言，涉及的问题及其标准构成了一个体系。

为争取我国市场经济地位和反倾销工作，我受商务部委托，组织了一批专家学者围绕国际贸易中“非市场经济地位”这个问题进行了研究。2002年我们用了近一年的时间，对截至2001年底中国市场经济的状况进行了调查研究，对市场化进程进行了评估、测度，并与一些发达国家、转轨国家及发展中国家的市场经济程度进行了比较，形成近50万字的《2003中国市场经济发展报告》。根据现代经济理论对市场经济的主要概括，从国内外市场经济发展的历史和现实出发，借鉴美国、欧盟、加拿大反倾销对市场经济标准的法律规定，我们认为在对“什么是市场经济国家”上，有五个方面特别重要，也可从中概括出五条带共性的标准。一是政府作用问题。归根到底，资源是由政府配置还是由市场配置？资源的使用和定价是由市场决定还是由政府决定？政府是否尊重和保护经济主体在经营方面的自主权利？我们将这一条概括为“政府行为规范化”。二是企业权利与行为问题。归根到底，欧美关心企业在产销活动中，行为是市场化的还是行政化的。这一条我们概括为“经济主体自由化”。三是投入要素的成本与价格问题。这一条是成本的真实性和其价格形成的规则，可归结为“生产要素市场化”。四是贸易问题，核心是贸易环境与条件，我们概括为“贸易环境公平化”。五是金融参数问题，即反倾销的被调查国的利率和汇率是否由市场形成、本币是否可兑换或可兑换程度如何。概括来讲是利率和汇率这两大金融参数的形成和适用范围内的公平性，这里将其归纳为“金融参数合理化”。显然，以上概括的判断市场经济标准的五大因素，是在我们对现代市场经济理论和现实进行认识、理解的基础上，在充分吸收欧盟、美国和加拿大反倾销要求而提出的市场经济标准基础上，紧紧围绕公平贸易而提出来的。将这五条作为衡量市场经济的标准进行比较和讨论，便于直接与欧美国家对话，是务实的做法，与国内学术界对市场经济或市场化的分类接近但不尽相同。我们认为，重要的是要从研究的目的出发来进行分类。如果是市场专家专业所用，自然强调市场分类指标；如果是理论研究，会看重全面性；而如果运用于反倾销，当然要注重当事国的问卷要求和相关法定指标。在“五大因素”分类的基础上，我们撰写了《2003中国市场经济发展报告》。报告用11章来对中国经济市场化程度进行分析，分别是：政府管理体制的改革、企业的市场化、劳动力流动与工资决定的市场化、资本交易的市场化、土地交易的市场化、国内贸易的市场化、对外贸易的市场化、中介组织规模及行为的市场化、货币与金融的市场化、中国市场法律体系的健全，以及中国市场经济发展程度的测度。同时，报告用4章进行了市场化的国际比较，主要有：经济自由度测算方法的国际比较、中国与发达市场经济国家经济自由度比较、中国与转轨国家经济自由度比较和中国与发展中市场经济国家经济自由度比较。报告从反倾销的角度，提出了合理判断市场经济地位的五大依据，建立了包括33个基础指标的市场化程度测度体系，测量出2001年中国的市场化程度为69%，用数据和事实证明中国总体市场化已领先于一些被西方承认为市场经济的转轨国家或发展中国家，得出了“中国已经是发展中的市场经济国家”的重要结论。

虽然我主持了这项研究，提出了总思路，设计了提纲，并撰写了总论和中国经济市场化总体判断，但要强调的是，《2003中国市场经济发展报告》凝结着各方面人士的智慧和劳动，是集体成果的结晶。对外贸易经济合作部进出口公平贸易局领导和专家王世春、王贺军、余本林、刘丹阳等，国家统计局国民经济核算司和国际统计中心专家许宪春、李晓超、董礼华、王强、施发启、江明清等，不仅提出了宝贵的指导意见，还参与撰写了相关章节或附录。这里还要感谢课题组全体人员的勤奋、认真与精诚合作，本报告撰写者按各章作者排序大体为：苏旭霞、高明华、鄢晓发、刘韬、杨琳、李建伟、刘学敏、袁培红、李文峰、张生玲、余明、侯万军、董念清、曾学文、戴宪生、李静。经资所（院）在读的30多位研究生全都参与了课题，并得到了锻炼。北京师范大学校领导的关心、新闻界朋友的关注、中国对外经济贸易出版社高效率的工作，使得课题得以如期完成。国内外一批著名经济学家的书面评审意见，他们的鼓励、指点和建议对提升报告质量至关重要。提出书面评审意见的18位专家是：国务院发展研究中心常务干事吴敬琏研究员、北京大学光华管理学院院长厉以宁教授、中国社会科学院经济所所长张卓元研究员、国务院发展研究中心陈锡文副主任、中国经济体制改革研究基金会国民经济研究所所长樊纲博士、国家经济贸易委员会副秘书长马建堂博士、国家统计局副局长邱晓华博士、中国人民银行货币政策委员会秘书长易纲博士、国务院研究室宏观司司长宋宁博士、国家经济体制改革办公室综合司司长范恒山博士、国务院发展研究中心宏观经济研究部部长卢中原博士、北京大学经济学院院长刘伟博士、中国社会科学院财贸经济研究所副所长江小涓博士、国家发展计划委员会经济研究所所长陈东琪博士、天津市人民政府副秘书长陈宗胜博士、国务院法制办综合协调司司长青锋博士、世界银行驻中国代表处企业专家张春霖博士、亚洲开发银行驻中国代表处首席经济学家汤敏博士。

《2003中国市场经济发展报告》中、英文版分别于2003年3月和8月由中国对外经济贸易出版社正式出版，在国内外产生了广泛的影响。商务部领导对报告给予了高度肯定。商务部4位副部长均有书面批示，要求进一步加大研究力度，并决定继续委托我所承担并完成中国市场经济发展研究报告。新华社发了新闻通稿，中央电视台、《人民日报》及全国数十家报刊予以转载；《求是》2003年第10期发表了我的《中国是发展中的市场经济国家——解读〈2003中国市场经济发展报告〉》一文。报告的英文全本于2003年8月正式出版发行后，美国驻华大使馆、澳大利亚驻华大使馆均表示关注。澳大利亚驻华大使馆经济参赞Dr.Mike Adams曾两度与我交流，认为这是一项非常了不起的成果。在胡锦涛主席2003年10月访问澳大利亚后，Dr.Mike Adams先生立即来北师大，他说，这次两国签署了自由贸易协定框架，双方在2005年10月前必须互相承认市场经济地位，才能启动正式的磋商机制。因此，希望能对中国市场经济地位问题有更多了解，并愿意与我们合作。欧盟有关机构也对该报告给予好评，《美国商业周刊》（中文版）等国外诸多主流媒体纷纷报道。学术界众多专家对报告予以充分肯定，报告获第十一届（2004年度）孙冶方经济科学奖和北京市第八届哲学社会科学优秀成果一等奖。报告作为中国进行市场经济地位磋商的基本资料，正式提交给欧盟、美国和其他国家，也发送给了我国驻100多个国家的驻外使馆。报告在促使欧、美从拒绝讨论中国市场经济地位的立场，转到同意并成立了专门工作小组进行磋商的过程中，以及在促使70多个国家承认中国完全市场经济地位的过程中，起到了重要作用；在促使完善国内市场经济体系中，也发挥了重要的参考价值。

2004年2月12日至3月1日，我应邀参加商务部代表团赴欧盟，就中国市场经济问题访问7个国家和欧盟总部。借中国市场经济报告为交流基础，在与各国相关部门及欧盟反倾销司的对话中，颇感顺利。回国后，商务部给我校发来感谢信，信中说："李晓西同志渊博的学识、勤奋扎实的作风、优良的政治和业务素质得到了代表团全体同志的一致好评。"2004年3月31日，商务部高虎城副部长率领商务部进出口公平贸易局王世春局长、王受文副局长等，教育部袁贵仁副部长率领教育部社政司靳诺司长等来我校，商讨共建中国市场经济研究中心等合作事宜。我校陈文博书记、钟秉林校长等参加研讨，副校长郑师渠主持会议。我作为中国市场经

两位部长来校指导工作

济报告负责人，对研究成果进行了汇报。

2004年4月底，商务部公平贸易局因感谢我们承担的《中国市场经济发展报告》所做出的贡献，特向我们赠送了“聚贤为国　怀志成才”的贺匾。启功先生亲自题词“聚贤为国 励志成才”，这已被敬奉为我院的院训。

此后，我还组织完成了2005年、2008年和2010年3个年度的《中国市场经济发展报告》。作者队伍基本稳定，但课题组研究生成员变化就较大了，因篇幅所限，各年度作者名字就不再一一列出了，感激之情难以言表。这里要提到的是本报告在国际学术界的影响。英国阿什盖特出版公司（Ashgate Publishing Ltd.）以《2005中国市场经济发展报告》为基础版本，出版了《中国市场化程度的评估》（*Assessing the extent of*

China's marketization）一书。在对此书的简评中：哈佛大学库珀教授说“本书全面地记录了中国从中央计划经济走向市场经济国家的进程”；华盛顿国际经济研究所高级研究员拉迪认为，“本书是对中国向市场经济转轨的全面分析”；匹兹堡大学罗斯基教授认为，“这本覆盖面广、内容翔实的著作将有助于外国人了解中国经济学家和政策分析者们如何看待他们国家的发展历程、制度结构和改革进程”。

商务部领导和教育部领导高度评价了《中国市场经济发展报告》的研究成果。2006年元月，在教育部社会科学委员会第二次工作会议上，周济部长在高校系统上千所大学中提名表扬了5个研究机构，其中提道：“北京师范大学经济与资源管理研究所在市场经济地位研究方面，为国家做出了积极贡献。”

2008年，为庆祝改革开放30年，国家“十一五”百本重点图书选收了我主编的、多位师生参加的、由重庆大学出版社出版的《中国经济改革30年·市场化进程卷》一书。这本书从客观上描述了30年来中国经济体制改革的进展。北京师范大学出版社杨耕社长等领导和马洪立等编辑为《2008中国市场经济发展报告》及《2010中国市场经济发展报告》的高质量出版做出了贡献。2009年时逢新中国成立60周年，国家新闻出版总署组织了“庆祝新中国成立60周年辉煌成果重点书系”的活动，其中，人民出版社特邀我完成了《中国市场化进程》一书。《中国市场化进程》用了40多万字的规模，反映了我在各方专家、导师、同仁和家庭的支持下，从事市场化改革研究历程及对30年改革开放的思考。《中国经济改革30年·市场化进程卷》和《中国市场化进程》这两本书均被列入2008年国家新闻出版总署纪念改革开放30周年的100种重点图书中。2012年，《中国市场化进程》一书荣获“吴玉章”人文社会科学一等奖。

二 宏观经济学中国化的理论成果

我想从以下四个方面来汇报宏观经济学中国化的情况：第一是推动宏观经济学中国化的简略回顾；第二是《宏观经济学》（中国版）的内容与特点；第三是国内学界的评价；第四是宏观经济学中国化尝试的国际交流。

1. 简略回顾。

宏观经济学是欧美的教授们创建的，在中国改革开放、推进社会主义市场经济建设中，逐步为国人所接受、所借鉴，成为中国高校和各类读者了解市场经济尤其是政府与市场关系的理论或教材，在理论借鉴和人才培养上，成为服务中国社会主义市场经济发展与完善的理论工具之一。随着中国经济的快速增长，尤其是近年成为世界第二大经济体之后，世界对中国的关注更加强烈了，培养了解与参与中国建设的各类人才也更有需要了。因此，以中国经济发展变化为背景的宏观经济学理论与教材，既能帮助读者解读中国经济发展变化的情况和成因，也为熟悉或愿意了解中国经济的西方读者所接受。

在研究推动宏观经济学的中国化方面，我曾做过一些努力，这里汇报一下由中国人民大学出版社出版的教材《宏观经济学》（中国版）一书。我来北师大后，在承担宏观经济学教学任务过程中，感到《宏观经济学》教材中没有中国的理论与实践，却有太多数学概念。中国人民大学高鸿业教授领衔主编的版本，是高校宏观经济学的主流教材，内容丰富，理解深刻，但基本上源于西方经济学基本理论与模型，没有中国经济的内容。而一些高校直接使用欧美国家经济学原版的多种宏观经济学教材，就更不会有中国经济的内容了。因此，我深感有必要编著一本有中国经济内容的宏观经济学教材。2004年在京西宾馆的一次会议上，中国人民大学出版社贺耀敏社长谈起经济学教材时，建议我联系中国实际写一本《宏观经济学》。我曾于2000年在首都经贸大学出版社出版过一本《宏观经济学：转轨的中国经济》，这本书是以中国经济发展的实际问题为框架撰写的，是服务于中国发展与改革的，荣获北京市优秀图书一等奖。因此，接受贺社长的宝贵建议后，《宏观经济学：转轨的中国经济》就为我编著《宏观经济学》（中国版）提供了有价值的基础。

本教材虽然以我为主创作，但这里凝结着集体的智慧和劳动。我要感谢来自国务院发展研究中心、国家统计局、财政部、中国人民银行、商务部等单位的年轻博士们的热情支持。他们应邀来北京师范大学协助我承担宏观经济前沿的课程，针对我设计的宏观经济学讲义提纲的各章题目，做了主题讲演，并提交了最新的研究成果。按照《宏观经济学》（中国版）10章的排序，讲演的博士分别是：施发启、江明清、李建伟、苏旭霞、马拴友、周金黄、余明、赵少钦、金三林和曾学文。博士们的讲演内容增强了宏观经济的现实感与理论性。还要指出，在本教材的写作过程中，段瑞君、和晋予、张江雪3位博士承担了西方经济理论、转轨国家宏观经济情况和宏观经济学经典模型的搜集整理工作，我要对他们的辛勤努力和认真细心一并表示衷心的感谢。在北京师范大学研究生院对精品课程的支持下，在各位年轻博士的有力支持下，我完成了《宏观经济学》（中国版）的撰写，并于2005年正式出版。

据中国人民大学出版社介绍，《宏观经济学》（中国版）是国内最早的中国版的《宏观经济学》。《宏观经济学》（中国版）的数学推导大为简化，更通俗一些，但鉴于高鸿业教授主编的《宏观经济学》是大学本科的教材，因此，《宏观经济学》（中国版）定位在研究生辅导教材层次上，为有宏观经济学基础理论的研究生多提供一些国情知识。

2011年2月，中国人民大学出版社贺耀敏社长来到北京师范大学与我商谈如何加快完成《宏观经济学》（中国版·第二版）的修订工作。他说，《宏观经济学》（中国版）在西方宏观经济学理论的基础之上，融合了中国经济改革开放的实践，是力求西方经济理论中国化的一次探索，值得继续做下去。在中国人民大学出版社领导及编辑们的督促下，经过5个月时间的紧张工作，在内容有较大修改及补充了新的数据与资料后，我于2011年7月完成了修订稿并将其提交给了中国人民大学出版社，该书于当年便出版了。第二版同样离不开社会各界的支持，尤其是一批师生协助我进行了资料的收集或初稿整理等工作，在此对他们的辛勤努力和认真细心，再次表示衷心的感谢。具体协助工作的专家与师生，我在第二版“后记”中有详细介绍，限于本书篇幅要求，这里就不再赘述了。

《宏观经济学案例》是对《宏观经济学》（中国版）教材的补充，也是我在宏观经济学教学中的新尝试。《宏观经济学案例》第一版、第二版分别于2006年、2014年由中国人民大学出版社出版。《宏观经济学案例》按照《宏观经济学》（中国版）的结构与章目，以案例为抓手，深入展示中国宏观经济的演进和变化图景，以帮助读者理解宏观经济学在中国的运用。其特点有：一是配套性，《宏观经济学案例》紧紧围绕教学大纲和教学目标所提出的理论体系，在各章配套了与之对应的2～3个案例；二是实践性，案例教材着重对中国经济转型过程中的宏观案例进行分析，以帮助研究生理解国情；三是启发性，案例教学有助于师生通过对中国改革开放重要事例的分析辩论，理解宏观经济学的理论含义；四是前沿性，这主要体现在案例的选择上，这些案例是重要且争议较大的最新国内外事件。与本书第一版配套的案例写作组成员有曾学文、施发启、金三林、李波、许晓莉、余洁雅、姜晓华、杨琴、魏媛媛、王雪磊等，他们为完善本教材提供了大量资料及有深度的观点。范丽娜助理承担了本书写作过程中的很多辅助性工作，非常认真与辛苦。李静、郭彦英、张生玲、李泳、陈玉京等多位博士对本书文稿进行了认真校阅，提出了不少宝贵意见。《宏观经济学案例》第二版在保留第一版整体框架和特点不变的前提下，精心挑选了45个具有代表性和时效性的国内外案例，由在国家各部委相关研究机构工作的我院已毕业博士和本院老师共31位合作，就当前大家关心的热点问题发表独到和专业的见解。感谢中国农业银行办公室副主任曾学文博士和国家统计局国民经济核算司施发启博士，他们再次全力协助我完成了《宏观经济学案例》第二版的编写。感谢所有的撰稿博士们，大家在完成本职工作的同时，还抓紧时间高质量地完成了承担的案例，非常辛苦。我院石翊龙博士承担了本书的联系人和校稿工作，工作认真努力和负责。

顺便提一下，还有一本由中国人民出版社出版的《宏观经济学讲演录》，是2007年我为研究生开设的宏观经济学讲座录音的整理稿。书中收录了13讲，相比第一版的宏观经济学教材，增加了经济分析方法论、国外需求以及经济增长中的劳动、资本和技术等内容。我要感谢讲座教学中应邀前来发表讲演的各位老师。国务院发展研究中心副主任、我院兼职博士导师刘世锦研究员在讲座中，专门讲授了“我国产业增长新格局与宏观经济态势”一题，深受好评。世界银行专家王水林老师和曾智华老师分别做了题为“站在当代世界高度看资本、劳动与主权基金”和“中国的教育投资（*Education Investment in China*）”的讲座，研究生们对此兴趣很大。还有我院的老师们，认真协助我进行课堂的讲座、讨论与编辑。这里要特别感谢人民大学出版社贺耀敏社长、周蔚华总编、马学亮主任，他们高度重视我的“宏观经济学”多本书的出版，提出了《宏观经济学讲演录》编写的大思路，提供了诸多参考书籍，进行了高标准的规划，并派王克方主任和陈静编辑与我商洽和妥善安排事宜，使此书于

2010年正式出版。广西师范大学出版社是引发和促使我完成本讲演录的最初策划推动者，在他们的督促下，我完成了本书的前期准备工作，在此一并感谢。所有听课同学都参加了录音的整理工作，这使我心中时常怀念！这里，我要特别感谢中国宏观经济学会对宏观经济学中国化的高度关注。中国宏观经济学会前会长房维中很重视此教材，他告诉我，他认真阅读了本教材，认为结合中国国情很有必要，并鼓励和支持我继续把它做下去。中国宏观经济学会常务副会长王建告知我，将以学会的力量支持本教材的普及，并组织了学会田云、谭晶等人具体推进此书的发行，是他们积极推动我完成了《宏观经济学》（中国版·第三版）的修订。如果宏观经济学中国化有所进展，也要归功于中国宏观经济学会。

除宏观经济学中国版教材外，我主编的《新世纪中国经济轨迹》季度分析报告从2001—2015年连续出版了15年。其中《新世纪中国经济轨迹——2001—2004年分季度经济形势分析报告》被人民出版社增列为"'十五'国家重点图书"，并荣幸入选2008年新闻出版总署"纪念改革开放30周年百种重点图书"。此事在本书的"学术历程"中已论及，这里就不再赘述了。

2.《宏观经济学》（中国版）的内容与特点。

《宏观经济学》（中国版）于2005年、2011年和2018年出了三版，分别由高鸿业教授、余永定教授、刘伟教授作序，对此表示衷心的感谢。《宏观经济学》（中国版）共10章，基本上是以问题为导向来编写的。《宏观经济学》（中国版·第二版）增加到14章，框架更完整了一些。第三版的框架与第二版一样，仍为14章，延续了第二版的基本框架，重点是对150张数据表进行了补充，大致是从2009年补充到2015年。同时，根据新的形势，对正文、专栏、附录进行了增减调整。虽然我对修改提过指导性意见并审定全书，但庞大的修改工作量全由蔡宁博士一人完成，其勤奋的态度与工作质量令我非常满意。本教材第三版出版要感谢中国人民大学出版社长期的信任，感谢陈静编辑的督促和晗霞、晓晖编辑的认真尽心。

下面以本教材第三版为例，简单介绍一下《宏观经济学》（中国版）的内容。

第一，以“总供求”安排整体框架并贯穿全书，以此展开对中国宏观经济的全面分析。

《宏观经济学》（中国版·第三版）各章内容简表

章	章名	各节要点摘录	专栏摘录
第一章	经济增长与国民经济核算	经济增长模型选解；中国国民经济核算体系	中国经济增长前景分析
第二章	国民收入分配	国民收入分配模型；中国国民收入分配格局及分配制度的改革	中国是否将出现“刘易斯拐点”
第三章	总供给与总需求概论	总供求均衡与非均衡；转轨中的总供求关系	改革初期中国经济学界在总供求关系上的探索
第四章	消费需求	转轨经济中的消费行为及理论假说；我国城乡消费增长；消费倾向和消费结构变动	消费指标与社会零售总额指标的关系

（续表）

章	章名	各节要点摘录	专栏摘录
第五章	投资需求	投资规模、投资类型与投资效率；中国改革开放以来投资概况及分析	固定资产投资与固定资本形成总额的区别
第六章	对外贸易与国外需求	国际贸易模型选解；中国对外贸易的快速扩张	中国可能遭遇美国贸易保护主义的产业
第七章	经济增长中的劳动、资本和技术	劳动、资本与技术供给的国际比较	劳动、资本和全要素生产率对经济增长的贡献
第八章	失业问题	失业问题的全球视角；中国的就业与失业	中国的“隐性就业率”到底有多高
第九章	通货膨胀及其应对	通货膨胀基本概念及其分类；改革开放以来中国的通货膨胀	马克思对价格变动的分析
第十章	经济周期、萧条与过热	经济周期的理论流派；经济周期的统计分析	略论经济增长的重大拐点：“狼点”
第十一章	汇率与国际收支	世界汇率制度与汇率水平；中国汇率水平变动与国际收支	从1998年东南亚金融危机看汇率的判定价值
第十二章	财政政策及财政体制	财政政策与总供求均衡；中国的财政体制与财政政策	农村税费改革不应受“黄宗羲定律陷阱”的束缚
第十三章	货币政策与金融体制	货币政策与总供求均衡；中国的金融体制与货币政策	美国次贷危机及其影响
第十四章	宏观经济学的发展趋势	宏观经济学新流派；宏观经济学未来发展的六大推测	—

注：“各节要点摘录”多为五六节中选两个；“专栏摘录”为两三个中选一个。

从上表可以看出，《宏观经济学》（中国版）在逻辑思路上有一个突出特点，就是以“总供求”为主线构建框架，这与西方宏观经济学各版本是不同的。首先以“总供求”开篇，从国民经济整体入手，分析经济增长与国民经济核算及国民收入分配（第一、第二章）。然后讨论总供给与总需求（第三章），在“总需求”中分别分析了消费需求（第四章）、投资需求（第五章）和对外贸易与国外需求（第六章），在“总供给”部分专门探讨了经济增长中的各类供给因素，包括劳动、资本和技术等（第七章）。再讲解“总供求”的矛盾及其延伸，分析“总供求”的失衡，包括失业问题（第八章）、通货膨胀及其应对（第九章），以及经济周期、萧条与过热（第十章）。下面再论述开放经济及国内外经济联系，包括汇率与国际收支（第十一章），这可视为国内总供求关系的对外延伸。最后是如何解决“总供求”失衡，即分析宏观经济政策及体制问题，重点介绍了财政政策及财政体制（第十二章）、货币政策与金融体制（第十三章）。最后一部分是宏观经济学的发展趋势（第十四章）。从上表的“各节要点摘录”和“专栏摘录”还可以看到，各章中至少有一节在分析中国的经济参数、状况、体制或政策；各章所附专栏中，均为中国现实经济问题的分析，或是国际经济对中国影响的分析。

第二，本教材从总供给角度探讨了经济增长中的各类供给因素，包括劳动、资本和技术，以及自然资源和制度等，这在流行的宏观教材中很少见。对供给侧理论意义的研究，早在2012年第二版的《宏观经济学》（中国版）中，便已提出“作为分析总供求关系的宏观经济学，需要在总供给分析上下功夫”“宏观经济学会越来越带有供给理论的色彩”等观点，第三版教材更是特别设置了“第七章 经济增长中的劳动、资本和技术”，以此来研究供给侧的问题，这是本教材的一大特点。因为，根据宏观经济恒等式（$Y=C+I+G+NX$），流行教材都是从需求（支出）的角度来探讨国民经济总收入的，而从生产角度的分析则相对较少。但是，经济增长取决于自然资源禀赋和劳动力（人力资本）、资本（产业资本）、技术进步等生产要素的积累，以及决定各种生产要素组合方式的社会政治与经济制度。因此，从产出总量角度或者说从宏观角度来分析也是重要和必要的。

第三，在对中国宏观经济问题的理解上，力求从实际出发，而不是套用概念。本教材突出了宏观经济基本理论与现实经济的结合。换言之，宏观经济学中最重要、最基本的概念，中国转轨经济中最普遍、最有影响的问题，将被结合起来，成为本书各章的主题。本书突出了对总需求和总供给的分析，也力求全面反映中国经济制度的改革。以“怎样看待外贸净出口的分析”为例，根据现有的国民经济核算体系，人们在分析对外贸易对GDP的贡献时，多借助于出口额与进口额之差即净出口额。其常用的公式是：外贸对经济增长的贡献率=净出口增量÷GDP增量×100%。但作者根据中国多年的实际经验发现，借用这个指标来分析外贸贡献度，经常会低估甚至误估。比如，全球范围的进出口恒为零，从这个角度看，国际贸易总体上对全球经济增长是没有作用的。再比如，难道进口对经济增长全是负面影响？还有，进出口规模和进出口商品结构不同是否会对经济增长有不同的影响？这些都不能被净出口指标反映。显然，我们需要了解净出口这一指标的实际理论根据是什么。净出口指标源自宏观经济基础理论。在现实生活中，产出等于购买是特别需要关注的情况。一国生产的产品和劳务（Y），最终被转化为居民消费（C）、私人投资者投资（I）、政府购买（G）和外国购买（NX），即四大购买主体的支出或需求。按最终用途，就分为了总投资、总消费、净出口三部分。作者认为，净出口指标以及按支出法计算的外贸贡献度，只是统计用指标，只是从总需求这一角度得出的结论，其在统计上的使用是合理的，但也只是一个统计贡献度。那么，如何分析外贸对经济发展的影响呢？作者认为根据中国经验，外贸对经济影响的方面有很多，这些影响有直接的也有间接的，有宏观方面的影响也有具体某些实际方面的影响；这些方面有经济增长的，更有涉及经济发展多方面的内容。因此，作者从外贸对国民收入的影响、对就业的影响、对一国经济结构的影响三个方面分别进行了阐述。作者认为，外贸企业是对外贸易的主体和直接参与者，可从外贸企业的角度形成外贸实际贡献的指标体系，这将是反映外贸贡献最重要的判断，可以期待其成为一个年度分析用的基础指标。

第四，在宏观经济学模型的介绍和分析方面，作者试创了“五段论”式讲解法。本教材选取了西方流行教材中的经典模型，尤其是诺贝尔经济学奖得主们的模型；在讲解经典模型时，作者从“人物及背景介绍、关键方程或模型、关键图示及解释、特征归纳、应用前景评价”五个方面对模型进行介绍，没有拘泥于传统的公式推导和模型分析，淡化了各类宏观经济学教材中数学公式详尽推导的做法。这样做的目的是让研究生把握思路，把握经济学大师们的理论精髓和思考方法，学会分析实际问题，而不是被浩繁的数学推导所困扰，以至于把过多的精力与时间放在数学推导上。当然，本书也给出了模型的数学推导参考索引，鼓励有数学兴趣的研究生自己去完成公式推导。

3.国内学界的评价。

本教材前后三版分别由高鸿业教授、余永定教授、刘伟教授作序，张卓元导师、刘伟教授、樊纲教授、黄泰岩教授、白重恩教授和袁志刚教授曾审评第二版的书稿，评审意见摘要选用在本教材的封底题词中。在此，对学术界前辈及同仁的支持表示衷心的感谢。

中国社会科学院学部委员张卓元教授在《经济学动态》2012年第4期上撰文《评〈宏观经济学〉（中国版·第二版）》，称其为“一本有特色有价值的宏观经济学教材”。张卓元教授在文中写道：“李晓西博士所著《宏观经济学》（中国版）一书，从书名即可知，该书是以欧美国家宏观经济学的基本原理来解读中国市场经济的形成与发展的一本书。 这本书出版于2005年，是国内最早的中国版《宏观经济学》。经积累教学经验与实践验证后，作者完成了《宏观经济学》（中国版·第二版）。圣智出版社（原美国汤姆逊出版公司）已发来合同在海外发行英文版。”张卓元教授在文中概括了本教材的四个特点：“一是紧密联系中国的实际；二是整体框架安排有创新之处；三是在宏观经济学模型的介绍和分析方面，作者独创了‘五段论’式讲解法；四是该书强调分析问题的国际背景和全球视角，强调了中国背景和全球视角的结合。”张卓元导师的肯定与介绍，对我鼓励极大，在此特致衷心的感谢!

已过世的资深翻译家、中国西方经济学学科主要奠基人高鸿业教授在本教材第一版序言中写道：“本书最大的特点在于把西方的宏观经济理论和我国宏观经济的实践比较密切地联系起来加以论述。这使本书具有三个非常有用之处：其一是着力对中国经济改革开放的经验进行总结。这会有助于我们的学生和读者利用西方经济学理论分析中国社会主义市场经济现实。其二是对西方经济学的模型和公式有选择地加以介绍和解读。这可以帮助读者粗线条地把握精华，开启思路，学会运用。其三是本书突破了西方宏观经济学的传统范围，增加了一部分马克思的重要论述，以提高读者比较分析和综合吸收的能力。”高先生1957年从海外回国后，一直在中国人民大学从事经济学研究和教学工作，他编写的《西方经济学》被评为国家级教材，已经出到第五版（注：2005年时），发行量巨大，是中国众多高校讲解西方经济学时使用的主流教材，因此，他的评价是非常有权威性的。

中国社会科学院世界经济与政治研究所原所长、牛津大学博士余永定教授曾为本教材第一版精选解读的20多个宏观经济经典模型审阅把关，在第二版又全面评价了本书的背景、结构与特点，为第二版作“序”，大大增加了本书的分量。他写道：“可以说很少有哪本宏观经济学教材像这本书这样，将宏观经济学理论与中国经济面临的热点问题联系得如此紧密。例如，书中在相应部分分别提到了：中国的居民收入差距问题、城乡消费（或储蓄）行为的变化、中国的FDI、中国的对外贸易总量及其结构问题、非公有制经济对效率与公平的影响、中国的就业和失业、中国的通胀问题、中国的‘十二五’规划、中国的外汇储备、人民币汇率问题、中国的财政体制、中国的货币金融制度及货币政策等。”

北京大学原副校长、现中国人民大学校长、长江学者刘伟教授非常关心本教材的编写与出版，他在本教材第二版的评价中说：“就本书的方法而言，特别注重将宏观经济分析的一般方法、范畴与中国宏观经济现实相结合，并且这种结合是我所接触到的关于宏观经济学著作当中做得最为出色的成果之一。”在教材第三版的“序”中，作为中国人民大学校长的刘伟教授，更有力地肯定和支持了宏观经济学中国化的努力。他说：“经过40年的改革开放，中国已成为全球第二大经济体。中国宏观经济学已变成开放条件下的大国宏观经济学。新时代给中国经济学家提供了一个重要机遇，就是进一步探索并撰写出以中国经济规律为主线的经济学教材，既服务于未来中国经济持续发展的要求，也为全球经济理论与可持续发展做出应有的贡献。从晓西教授的《宏观经济学》（中国版·第三版）中，我已感受到这种努力。”

本教材强调分析问题的国际背景和全球视角，强调了中国背景和全球视角的结合。现任清华大学经济管理学院院长、哈佛大学经济学博士白重恩教授非常重视这种国际比较，他在评论该书时写道：“一个国家的宏观经济运行必然依赖于该国的制度背景；由于不同国家的制度背景可能有较大差异，所以类似的宏观经济政策在不同国家的效果可能非常不同。由于制度背景对于宏观经济的重要性，一本在介绍宏观经济理论的同时也提供丰富的中国宏观经济实践经验的教科书，对于希望了解中国宏观经济运行的读者来说很有价值。李晓西教授的这本书就起到了这样的作用。这本书得益于李晓西教授多年从事中国宏观经济理论研究和政策分析实践的经验，体系清晰，内容丰富翔实，必将对中国宏观经济的研究产生显著的影响。”

中国经济改革基金会国民经济研究所所长樊纲教授在百忙中为本教材定位，再现了他多年支持学术创新的学者风范。他评论道：“中国经济学家李晓西用现代宏观经济理论的方法，分析中国宏观经济的问题，写成了这部《宏观经济学》（中国版），一定会使中国的学生和中国经济问题的研究者们读来受益！”

辽宁大学原常务副校长、现中央民族大学校长、长江学者黄泰岩教授多年来支持我对宏观经济理论的研究，他在对第二版的评阅中写道：“本书是市场经济一般理论与中国改革发展具体实践相结合的典范，它使中国宏观经济理论既没有脱离宏观经济学发展的世界文明大道，又把宏观经济学的一般模型和公式在中国落地，用于解释中国经济改革与发展的伟大实践，并在解释中验证，赋予中国的经验支撑，在解释中完善，注入中国新的理论和元素。”

复旦大学经济学院前院长、法国社会科学高等研究院经济学博士袁志刚教授的《宏观经济学》讲解得清晰透彻，曾给我很大启示，此次热情参评，又提出深刻而极富见地的意见。袁志刚教授写道：“李晓西教授的《宏观经济学》（中国版·第二版）的中英文同时出版是一件可贺可喜的事情。晓西教授凭借其对西方宏观经济理论的深刻理解和对中国宏观经济的长期跟踪研究，写出一本既有完整现代宏观经济学逻辑框架做支撑，又与中国宏观经济运行紧密结合的教材，实在难能可贵。”

长期在中国人民大学讲授宏观经济学的方福前教授对本教材有非常深刻的评价，他说：“我读过、用过的由国内外学者编写的宏观经济学教科书不下20种，而李晓西教授的《宏观经济学》（中国版·第二版）独具特色：它是一本有中国特色的宏观经济学教科书，体现在如何使西方宏观（或微观）经济学‘中国化’，这是我读完这本教材以后留下的深刻印象。本书不仅是一本宏观经济学教科书，也是一本研究中国宏观经济问题的专著。”

4. 宏观经济学中国化尝试的国际交流。

《宏观经济学》（中国版）教材在国内问世后，立即受到国外出版社的关注。新加坡Cengage-Learning出版社（即圣智出版社，原美国汤姆逊出版公司）与中国人民大学出版社签约，要在亚太地区推出其英文版。据中国人民大学出版社贺社长介绍，这是我国教授撰写的经济学教材第一次被译成英文在世界发行。

教材翻译的难度超出我的预期。翻译经过2个阶段：一是2007—2011年，二是2012—2014年。总体上讲，用了7年时间，2个翻译团队，最后才完成了此教材的翻译、出版。合作始于2007年2月7日晚，在北京香格里拉饭店，Thomson Learning出版集团亚太区陈达枢总裁和陈锦煌总编，就合作出书一事，与我达成八点共识。此后，Thomson Learning Asia（新加坡）派杨立平先生承担教材翻译稿的编辑。2011年1月6日杨立平先生来信说："教材翻译过程中出了太多问题，操作难度过大，时间一长，数据也已经过时了，我们只好选择放弃了。"我当即回信，表示理解，同意他的意见。

中国人民大学出版社国际部刘光宇主任和刘叶华副主任在联系本教材的国外出版中，做了大量的工作。2011年8月3日刘光宇老师做了再次沟通，峰回路转，翻译教材又被提上日程。刘光宇老师在给杨立平编辑的信中说："《宏观经济学》一书的英文翻译事宜，李老师那边跟你沟通了数年，其间李老师说跟你的往来邮件快有10万字了，你为之付出了很大的辛劳。最近李老师那边召开了几次本书英文版的编委会议，最后确定了两位哈佛大学译者，不知道能否恳请你与Paul再商量一下此事并尽快给我一个答复。"关键时候，北师大学校领导决心要为中国教材走出国门提供经费支持，这有力地促成了《宏观经济学》英文版的问世。此后，我们继续组织着修订与翻译，德国留学获经济学博士的郝宇承担着统稿重任，哈佛大学经济学博士邓羽腾翻译了6章主体部分，中国翻译总公司许娜、闫梦、岳玲翻译了6章，郝宇、吴闽、周伟、任苒各翻译了1章，刘杨补译了图表，赵峥、刘一萌、姜欣、宋涛、蔡宁、荣婷婷参与协助。后期刘一萌老师承担着联系新加坡圣智出版社、中国翻译总公司和哈佛大学陈晋老师的工作，协管经费，翻译“后记”，并与蔡宁、刘杨一起协助郝宇统稿、定稿，确认专有名词和参考文献。

2014年，新加坡圣智学习出版亚洲公司（Cengage learning Asia Pte. Ltd.,）出版了《宏观经济学》（中国版·第二版）的英文版，届时我正在哈佛大学经济系做访问学者。经济系库珀（Richard Cooper）教授特意组织了一个专题早餐会，使我有机会向哈佛大学经济系曼昆（Prof. Gregory Mankiw）教授、珀金斯（Prof. Dwight Perkins）教授、弗里德曼（Prof. Benjamin Friedman）教授、肖庆伦（Prof. William Hsieh）教授等国际著名宏观经济学家赠书并进行交流，希望能将中国经验与思考更广泛地传播。

顺便介绍一下，1987年29岁的格里高利·曼昆正式被聘为哈佛大学经济系经济学教授；1998年他出版了最负盛名的

2014年5月李晓西教授与哈佛大学经济系5位教授早餐会

经济学教材《经济学原理》，现已出版到第七版，为中国各高校普遍采用；2003年，格里高利·曼昆担任美国经济顾问委员会主席。

5月26日，我在哈佛大学肯尼迪学院做了《从中国视角解读宏观经济与可持续发展》的讲演，这也是中国经济学家宏观经济学教材首次在哈佛大学举行的发布研讨会。哈佛商学院H B S图书馆馆长对我所赠《宏观经济学》（中国版·第二版）的英文版一书特别送来了感谢信。杨立平编辑说："马来西亚大学的一个教授及新加坡国立大学的教授对李老师的宏观经济学教材评价很高。"据悉，这是对第一部被翻译为英文的中国版的宏观经济学教材的肯定。

三　经济发展绿色化的理论成果

中国以及其他发展中国家在解决贫穷方面和发展经济方面取得了巨大成就，但付出的代价也很大。改革开放以来，中国维持了长达40年的经济高速增长，成为令世界瞩目的新兴经济体。但中国经济增长过多地依靠扩大投资规模和增加物质投入，使有限的自然供给能力和生态环境承载能力日渐困窘。从长期看，自然资源枯竭、环境污染必将成为制约中国经济增长的重大障碍。为鼓励可持续发展，我从2010年起主持并组织连续出版了6本年度的《中国绿色发展指数报告——区域比较》，开展了多项与经济绿色发展有关的课题研究。中国绿色发展指数的推出，就是要用可衡量的指数来否定黑色发展，推进绿色发展，用具体化的数量指标来判断经济绿色发展的程度与进程。

下面，拟从《2010中国绿色发展指数年度报告——省际比较》、中国经济绿色发展指数研究的不断完善、“绿色发展指数”在国内外的影响、绿色经济发展研究的拓展、中国经济“绿色发展指数”研究成果得到党和政府的高度重视这五个方面进行介绍。

1.《2010中国绿色发展指数年度报告——省际比较》。

2010年11月，在中国政府倡导加速经济发展方式转变和“十二五”规划即将出台的背景下，《2010中国绿色发展指数年度报告——省际比较》一书由北京师范大学出版社正式发布。本书由我和国家统计局中国经济景气监测中心副主任潘建成先生合作主持，北京师范大学科学发展观与经济可持续发展研究基地、西南财经大学绿色经济与经济可持续发展研究基地、国家统计局中国经济景气监测中心等3家单位的62位专家学者和若干研究生合作完成。北京师范大学出版社叶子副总编亲自主持编辑，她后来因病仙逝，在此深表怀念！马洪立编辑充满热情与持久高水平的工作令人感动！该报告的“后记”中写道：“《2010中国绿色发展指数年度报告——省际比较》用了4个多月的时间完成。专家、师生们精诚合作、联合攻关；不断提炼，反复测算；多学科思路在汇聚，新想法一点点在展开。此期间先后开了大小会30多次，从1500余项指标中筛选、修订、增增减减，最终得出55项指标。”30位资深专家、领导为本书题写了评审意见，这里既有德高望重的老一辈经济学家，如厉以宁、吴敬琏、张卓元老师等，也有在国家决策机关和部委工作的领导、专家，如魏礼群、辜胜阻、刘世锦、卢中原、潘岳、马建堂、苏伟等，还有一批国内有影响力的环境保护和可持续发展研究专家，如张新时、牛文元、刘伟、潘家华等。专家评审非常认真，提出了3万多字的意见与建议，我们特编辑了“专家评议摘要”置于报告之前，供读者了解其精要。

《2010中国绿色发展指数年度报告——省际比较》一书包括前言、序、专家评议摘要、总论、四大篇（14章、32专栏、10专题）和3个附录。北京师范大学校长钟秉林和西南财经大学校长赵德武的两篇“前言”，均高度评价了本报告的意义。钟秉林校长接到课题需要经费支持的报告后，3天时间即给了肯定的回复。2010年4月，在边慧敏副校长的推动下，西南财经大学领导班子会通过了“组建绿色经济与经济可持续发展基地”的报告，并在经费上对其给予了支持。陈锡文、辜胜阻、卢中原3位先生作为评审专家，深刻阐释了中国发展绿色经济的历史责任，故将他们的评议推荐为报告之“序”。“总论”则概括了全书的主题思想，阐释了中国绿色发展指数指标体系的编制思路、结构、指标、测算方法，公布了绿色发展指标测度后的地区排序等。

中国绿色发展指数突出了绿色与发展的结合。中国绿色发展指数有3个一级指标，即经济增长绿化度、资源环境承载潜力和政府政策支持度。经济增长绿化度反映的是生产对资源消耗和环境的影响程度，资源环境承载潜力体现的是自然资源与环境所能承载的潜力，政府政策支持度反映的是社会组织者解决资源、环境与经济发展矛盾的水平与力度。三大指标分别形成了正文的三大篇，每篇包括“专家章”与“测算章”。“专家章”由各领域的专业学者领衔完成，是立足全国、运用尽可能新的数据进行分析与比较的。第五章、第十章和第十四章是“测算章”，是对二、三级指标及测算结果具体的说明和解释。这3章分别阐述经济增长绿化度、资源环境承载潜力及政府政策支持度的测算结果及启示，并用指标及排名的形式将各省（区、市）测算基年即2008年绿色发展的具体情况呈现给大家。第四篇共10个专题。10位专家从消费、历史、科技、操作、法规、方法论等多个角度论述了中国绿色经济发展情况。本报告还有32个专栏，基本上是按一省（区、市）一个案例编写而成的。除了“总论”、各篇的“概括章”以及“测算章”，其他各章均有3～4个专栏。这些专栏是专家们经过分析比较，从全国各省（区、市）挑选出的绿色发展先进典型。

本报告力求客观、全面地反映2008年中国各省（区、市）的绿色发展情况，充分交流国内外有价值的信息，全力配合政府推进经济发展方式转变，促进“十二五”规划的落实，为推动绿色经济发展贡献微薄之力。

显然，倡导中国经济发展绿色化方面的理论贡献，是源自集体共同的努力与创新。这里，也简要回顾一下我的研究方向与专业的转移背景，即如何从宏观经济、区域经济转向绿色经济的研究。2008年9月，北师大组织讨论985三期项目，同意我关于成立“科学发展观基地”的建议，并希望经济与资源管理研究院、经济与工商管理学院、管理学院（现

2010年11月4日“2010中国绿色发展指数年度报告发布暨绿色经济理论研讨会”在北师大举行

为政府管理学院）3家共建（后增加了国民核算研究院）。北京师范大学“科学发展与可持续发展基地”报教育部批准后，学校委托我负责。正是“科学发展与可持续发展基地”的建设，促使我广查国内外各种资料，反复酙酌，用了一个月的时间，选择了“绿色发展指数”这个可包容、交叉众多文、理、工学院合作研究的标志性研究项目。此外，在科学与可持续发展的研究方面，我也有了一定的成果基础，比如有我与史培军教授主持翻译的三卷本的《自然资源与能源经济学手册》（由经济科学出版社分别于2007年、2009年和2010年出版），由此，借鉴世界一流成果推动中国科学与可持续发展方面已有了理论基础；我所著的《中国：新的发展观》一书，2009年由中国经济出版社出版；我主持的《国际金融危机下的中国经济发展》一书于2010年1月由中国大百科全书出版社出版，英文版也于2010年上半年由美国NOVA

出版社出版，此书强调了中国经济的可持续发展。综上，我提出“绿色发展指数”研究项目，是基于中国经济可持续发展的需求和学校的支持，也是基于我前期研究工作的基础。

2. 中国经济绿色发展指数研究的不断完善。

既然是多年持续进行的一项研究，自然会有改进与完善的过程。以下从四个方面来具体介绍。

（1）中国省际绿色发展指数测度指标的完善。

中国省际绿色发展指数指标体系于2010年建立。截至2015年，绿色发展指数的一级指标没有变化。为方便论述与理解，下面列出2015年的中国省际绿色发展指数指标体系表。

中国省际绿色发展指数指标体系

一级指标	二级指标	三级指标	
经济增长绿化度	绿色增长效率指标	（1）人均地区生产总值 （2）单位地区生产总值能耗 （3）非化石能源消费量占能源消费量的比重 （4）单位地区生产总值二氧化碳排放量	（5）单位地区生产总值二氧化硫排放量 （6）单位地区生产总值化学需氧量排放量 （7）单位地区生产总值氮氧化物排放量 （8）单位地区生产总值氨氮排放量 （9）人均城镇生活消费用电
	第一产业指标	（10）第一产业劳动生产率 （11）土地产出率	（12）节灌率 （13）有效灌溉面积占耕地面积比重
	第二产业指标	（14）第二产业劳动生产率 （15）单位工业增加值水耗 （16）规模以上工业增加值能耗	（17）工业固体废物综合利用率 （18）工业用水重复利用率 （19）六大高载能行业产值占工业总产值比重
	第三产业指标	（20）第三产业劳动生产率 （21）第三产业增加值比重	（22）第三产业从业人员比重

（续表）

一级指标	二级指标	三级指标	
资源环境承载潜力	资源丰裕与生态保护指标	（23）人均水资源量 （24）人均森林面积 （25）森林覆盖率	（26）自然保护区面积占辖区面积比重 （27）湿地面积占国土面积比重 （28）人均活立木总蓄积量
	环境压力与气候变化指标	（29）单位土地面积二氧化碳排放量 （30）人均二氧化碳排放量 （31）单位土地面积二氧化硫排放量 （32）人均二氧化硫排放量 （33）单位土地面积化学需氧量排放量 （34）人均化学需氧量排放量	（35）单位土地面积氮氧化物排放量 （36）人均氮氧化物排放量 （37）单位土地面积氨氮排放量 （38）人均氨氮排放量 （39）单位耕地面积化肥施用量 （40）单位耕地面积农药使用量 （41）人均公路交通氮氧化物排放量
政府政策支持度	绿色投资指标	（42）环境保护支出占财政支出比重 （43）环境污染治理投资占地区生产总值比重 （44）农村人均改水、改厕的政府投资	（45）单位耕地面积退耕还林投资完成额 （46）科教文卫支出占财政支出比重
	基础设施指标	（47）城市人均绿地面积 （48）城市用水普及率 （49）城市污水处理率 （50）城市生活垃圾无害化处理率	（51）城市每万人拥有公交车辆 （52）人均城市公共交通运营线路网长度 （53）农村累计已改水受益人口占农村总人口比重 （54）建成区绿化覆盖率
	环境治理指标	（55）人均当年新增造林面积 （56）工业二氧化硫去除率 （57）工业废水化学需氧量去除率	（58）工业氮氧化物去除率 （59）工业废水氨氮去除率 （60）突发环境事件次数

注：本表内容由课题组在2015年及之前历次专家研讨会上讨论确定、确认。

从上表可以看到，2015年中国省际绿色发展指数由9个二级指标、60个三级指标构成。二级指标数量没变，与2011年指标体系基本一致。

2011年的绿色发展指数三级指标在听取专家评审意见的基础上，结合数据的可得性、直观性、重要性等进行了调整，增加了10个，删除了5个，达60个。同时，修订了8个三级指标，重新确定了5个三级指标的计算方法，使指标名称与统计年鉴上的权威名称相一致，也使指标计算的范围更明晰。指标的权重也有所调整，适度降低了一级指标“资源环境承载潜力”下8个“人均”和“地均”污染物排放量指标的权重，以适当降低同类指标因两个角度测度在总指标中的比重。三级指标分布为：经济增长绿化度22个指标，资源环境承载潜力19个指标，政府政策支持度19个指标，较2010年更为均衡。在2012年的报告中，我们对西藏也进行了测算，因数据不全，没有把它列入排序，但在“省域‘绿色体检’表及绿色发展简析”中单独进行了分析。

在2013年课题组专家研讨会上，专家们针对是否在省际指标体系中加入土壤环境质量指标、绿色发展法律制度保障指标、信息技术支撑绿色发展指标等展开了讨论。经分析，专家们一致认为，目前这些指标在数据获取上存在一定的难度，有的省区市甚至没有统计这些数据，能够获得的数据质量也有待提高，因此，2013年暂不修正指标，待这些指标数据质量有所提高后，再适时做调整。在2014年和2015年中国绿色发展指数课题专家研讨会上，专家学者再次达成共识：为保证指标体系的持续性和可比性，近期内应不再变动指标体系，可待“十三五”时期，根据我国绿色发展的新形势、新进展及实际情况再进行调整。因此，2012—2015年，中国省际绿色发展指数指标体系保持稳定。

（2）中国城市绿色发展指数指标体系的构建。

为促进城市的绿色发展，以及比较省区与城市在绿色发展上的异同，2011年中国绿色发展指数年度报告构建、测度并发布了中国城市绿色发展指数。着手城市级评估的起因是在按省级单位评估时，与省、自治区同级别的直辖市的指标使用和绿色程度排序上引发了疑问。

在编制中国城市绿色发展指数指标体系的过程中，遵循的原则如下：一是与省际相同，贯彻绿色与发展相结合的理念；二是突出了城市绿色发展的特色指标，这类指标的选取在一定程度上弥补了省区评价体系的遗憾，如区域空气质量；三是城市绿色发展指数指标体系以2010年报告中省区级评价指标为基础，删除了部分无数据的指标，并新增了一部分与城市有关的指标。

测算城市的选择：课题组起初选择了环保部公布的113个环境监测重点城市。由于其中33个城市空气监测方面的数据不全，决定选择80个城市。在进一步核查数据的过程中，又发现一些城市存在数据缺失或者出现数据有奇异值的现象（如百分比数值超过100%）。为保证数据的稳定性，最后确定了34个城市进行测算，即4个直辖市、5个计划单列市和25个省会城市（因资料原因，拉萨和乌鲁木齐暂未被列入）。

2013年，环保部公布的数据显示，在113个重点监测城市中，绝大部分城市数据已经完备。因此，根据专家们的意见，2013年中国城市绿色发展指数测评城市由2012年的38个增加到100个。在2013年的专家讨论会上，专家们达成一项共识：对“可吸入细颗粒物（PM2.5）浓度年均值”这一指标，虽然其数据不可得，但由于其具有重要性，因此应将其纳入城市指标体系，并暂将其做“无数列表”处理。因此，2013年中国城市绿色发展指数指标体系三级指标由2012年的43个增加为44个。此后，中国城市绿色发展指数指标体系保持稳定，仍由3个一级指标、9个二级指标和44个三级指标组成。

2015年的城市绿色发展指数测算中有一个需要特别说明的变化：自2013年起，环境保护部首先要求直辖市、省会城市及国家环境保护模范城市开展对PM2.5的监测和信息公开。在2013年度参与测度的100个城市中，已有监测数据的城市有47个，因此我们测度了这47个城市包含PM2.5指标的绿色发展指数并放于《2015中国绿色发展指数报告——区域比较》“附录”部分中，供大家参考。

（3）增加了“城市绿色发展公众满意度调查”。

在绿色发展指数报告的发布会上，我们与各界朋友尤其是新闻界有一个共同感受，即绿色发展指数的省区和城市排序，如果只根据统计数据测算，可能与公众的实际感受有差距。因此，接受各界朋友的宝贵建议，在2012年的报告中我们增加了城市绿色发展公众满意度调查，反映居民对本城市的主观感受和评价，以更加全面地反映城市绿色发展情况。

城市绿色发展公众满意度调查由国家统计局中国经济景气监测中心具体承担，北京师范大学科学发展观与经济可持续发展研究基地和西南财经大学绿色经济与经济可持续发展研究基地给予了经费支持。调查问卷以了解居民对所居住城市环境、基础设施、政府绿色行动的综合评价为主要内容，以2012年中国城市绿色发展指数的38个测评城市为调查对象，以电话调查为主要方式，从每个城市中随机抽取700个城区居民进行访问。调查通过城市环境满意度、基础设施满意度、政府绿色行动满意度和以上三项的综合满意度，测算出了居民对城市绿色发展的满意情况。若得分为正，则表示居民对城市的绿色发展“满意”；若得分为负，则表示居民对城市的绿色发展“不满意”。指标得分在-1～1之间，越趋近于1，满意程度越高；越趋近于-1，满意程度越低。

我们感到，把反映居民对其所居住城市绿色发展的主观感受和评价，用以补充、完善以统计分析为主的中国绿色发展指数，客观的定量指标与主观评价的定性调查相结合，有助于实现综合评价系统性与针对性、科学性与可行性的较好平衡，有助于更全面、公正地评估中国城市绿色发展情况，因此，此项工作就坚持下来了。

（4）增加了“绿色发展体检表”。

2012年报告的一个特色是增加了“绿色发展体检表”，这源自实际调研中的需求。《2011中国绿色发展指数报告——区域比较》发布以后，课题组受地方政府邀请，到部分省（区、市）和城市考察当地的绿色发展情况。在实地调研过程中我们发现，有的省（区、市）不仅关心其在绿色发展指数上的排名，更关心他们在哪些具体方面或具体指标上做得不足，希望课题组能为其绿色发展提供指导，帮助规划。鉴于此，《2012中国绿色发展指数报告——区域比较》

特别制作了“绿色发展体检表”，向大家展示了各省（区、市）和测评城市绿色发展指数的三级指标数值、排名及前后两年的排名变化。

2012年报告的城市“绿色发展体检表”，反映的是中国绿色发展指数（城市）38个测评城市的43个绿色发展三级指标的具体情况，其除了包含省际“绿色发展体检表”的12项内容以外，还多了“指标口径”这一项，用于区分该指标体现的是全市数据还是市辖区数据。城市“绿色发展体检表”的分析方法与省际“绿色发展体检表”一致，其从43个三级指标出发，以近两年指标数值、排名变化等内容为基础，通过“进退脸谱”等，全面反映39个测评城市的绿色发展情况。

在每份“绿色发展体检表”之后，我们以表中内容为基础，结合绿色发展指数的一级指标和二级指标，对31个测评省（区、市）和39个城市的绿色发展水平进行了简要分析。我们根据各地一、二级指标的得分情况做出相应的“雷达图”，直观地展现哪些指标比较强，哪些指标相对较弱。截至2015年，每一份报告均附有30个省（区、市）及38个直辖市、省会、计划单列市的省市“绿色发展体检表”，通过“绿色体检”的形式展示了省区市绿色发展的进展与变化。同时，借助居民问卷调查，通过统计分析与问卷调查双维度对比的方式，展示我国城市绿色发展的客观情况。

3.“绿色发展指数”在国内外的影响。

《2010中国绿色发展指数年度报告——省际比较》发布

后，获得了超过预期的成功，《人民日报》《光明日报》《参考消息》《中国教育报》《中国青年报》《中国经济导报》《金融时报》《国际先驱导报》《北京日报》《中国能源报》《中国环境报》《北京师范大学校报》等12家新闻媒体立即对其进行了报道。《参考消息》在发布会当天就采用了路透社的报道，并及时进行了介绍；《中国教育报》用了一整版来探讨绿色经济的相关问题；《国际先驱导报》进行了访谈，刊用了整版的篇幅；《经济研究参考资料》用上、下两期10多万字的篇幅对我们的报告进行了摘录。

网络媒体反应非常快与热烈，中国中央电视台、新华网、中国日报网、中国网、中华人民共和国环境保护部网、百度、谷歌、中国广播网、中国新闻网等40家媒体迅速对其进行了报道。其中，百度中“绿色发展指数”词条中文检索达243万篇，英文检索达121万篇，并专门建立了“绿色发展指数排行榜”的词条库；谷歌中相关中文检索达742万篇，英文检索达103万篇。令人感慨的是，没有一家媒体、没有一篇文章、没有一则消息对绿色发展指标体系的基本取向做负面的评价。

2011年9月24日，我们在人民大会堂召开了“2011年中国绿色发展指数报告新闻发布会”。当天，中央电视台一套《新闻联播》即加“编后语”进行报道，中央电视台一套的《晚间新闻》、十三套的《新闻直播间》、十三套的《午夜新闻》、十三套的《朝闻天下》和中央人民广播电台及多家广播电台对报告及发布会进行了滚动报道。连续数日，《人民日报》《中国环境报》《香港文汇报》等数十家媒体对其进行了深度报道。中央政府门户网站、新华网、人民网、中国环境网、百度、谷歌等20家网点和《中国移动手机报》《中国联通手机报》等对其进行了多角度的报道，《中国社会科学文摘》《英才》《环境保护》等杂志纷纷刊载相关文章，各省区市新闻媒体也纷纷对报告的研究成果表示了高度关注。

2011年的报告在人民大会堂成功发布后，入选国家新闻出版总署2011年度“经典中国国际出版工程”，由德国斯伯林格（Springer）出版公司于2012年11月推出英文版，书名为“*China Green Development Index Report 2012*”，并面向全球发行。2011年12月6日，第二届（2011年度）中国软科学奖在北京揭晓。《2010中国绿色发展指数年度报告——省际比较》荣获第二届“中国软科学奖”一等奖。中国环境保护与发展国际合作委员会高度评价了《2010中国绿色发展指数年度报告——省际比较》，认为本报告分析“严谨深入”，“建立了国内第一套绿色发展的监测指标体系和指数测算体系”，“数据集成具有客观性和准确性”，将其列入国内最有影响的相关报告之列。

2012年12月15日，“中国绿色发展指数英文版发布暨研讨会”在北京师范大学举行。发布会上，北京师范大学党委副书记田辉致辞，加拿大可持续发展研究院特邀高级顾问、中国环境与发展国际合作委员会（简称“国合会”）外方首席顾问阿瑟·汉森教授（Mr. Arthur Hanson），环境保护部国际合作司司长、国合会副秘书长唐丁丁研究员，国务院发展研究中心对外经济研究部部长隆国强研究员，中国社会科学院美国所所长黄平等领导专家出席会议并做精彩讲演。中外学者共聚一堂，同贺绿色成果，共议美丽中国。

2013年我有幸被聘为第五届中国环境与发展国际合作委员会中方委员、国家发展和改革委员会中国低碳发展战略中方委员。云南、青海、山西等地政府领导先后派人与课题组交流，邀请课题组实地考察与指导。此外，在绿色发展领域，还建立了国际型的研究平台，与联合国环境规划署（UNEP）—联合国工业发展组织（UNIDO）绿色工业平台签署合作协议，与联合国环境规划署下的亚洲理工学院（AIT）建立亚太绿色发展研究中心，被国际著名的绿色增长知识平台（GGKP）吸收为知识型合作伙伴，还在北京市及北师大的支持下建立了城市绿色科技北京市重点实验室，等等。

2014年4月24日，我应哈佛环境学院McElroy教授及哈佛大学中国项目常务主任Chris Nielsen的邀请，在哈佛环境学院Pierce Hall小报告厅为在场的哈佛大学及到访的周边学校师生、学者做了一场题为“Measuring Green Development with Indices：China’s Case and Cross-country Comparisons”的专题报告，国外著名的环境专家们对中国和人类绿色发展指数的研究表示了极大的兴趣。

4. 绿色经济发展研究的拓展。

主要介绍由我主持编著的3份相关报告。

（1）《中国绿色金融报告2014》。

绿色金融作为我国金融领域和环保领域的新话题，既是环境管理的新手段，也是金融业未来发展的新趋势。实现经济与社会的可持续发展，必须大力投资清洁能源技术、绿色基础设施，大幅促进生产消费合理化。这就为我们提出了一个问题，即资金如何为绿色发展项目提供支持。而我们看到，全球交易的金融资本达225万亿美元，但其中仅有极少数资金用于为绿色和包容性经济转型提供动力[①]。据估计，到2030年，每年需要大约1万亿美元的额外资金投资于能源、交通、建筑和工业产业新基础设施的“绿化”。这样一个数字，大约占当今全球GDP的1.5%[②]。中国发展绿色金融同样任重道远。尽管我国绿色金融已经有了一定的实践经验，但与世界绿色金融发展先进国家相比仍有很大差距。有专家估计，中国未来每年需要约两万亿元绿色投资[③]。

西南财经大学是一所以金融为长项的高校，以大金融学科理论与实践为基础，因此，作为其发展研究院院长，我特别邀请了环境保护部环境与经济政策研究中心夏光主任，以环境保护和可持续发展理论与实践为重点开展合作研究，共同完成了《中国绿色金融报告2014》。据各方反映，该报告是我国第一部全面介绍中国绿色金融的年度报告。

《中国绿色金融报告2014》由前言、9个章节及2个附录及若干案例组成。前言交代了报告的研究背景、研究意义、研究面临的困难等，对全报告起着基本评价与介绍的作用。9个章节先后阐述了绿色金融与可持续发展的关系，中国绿色金融发展的综合评价，绿色信贷、绿色证券、绿色保险、碳金融等主要绿色金融产品的发展现状，绿色金融对产业结构调整与区域经济转型的推动作用，影子银行对绿色金融发

① 联合国环境规划署：《金融体系与可持续发展之统一》，2014，第3页。

② 同上。

③ 马骏：《未来我国对绿色投资需求每年达两万亿》，《金融时报》2014年7月12日。

展带来的挑战等。这9章构成了报告的主体部分。2个附录对国内绿色行业测度和对各省区市关于发展绿色金融的政策文件进行了梳理和综述。报告中的若干案例则介绍了国内进行绿色金融实践的成功经验。

报告是合作的成果。这里要感谢吴晓灵校长和西南财经大学赵德武书记为本书作序，感谢边慧敏副校长推动和支持开展了本项研究工作。要感谢参与写作的国务院研究室科教文卫司侯万军司长和中国农业银行总行的曾学文、刘永强等博士，感谢西南财经大学发展研究院的李丁、刘金石、李卫锋、晏凌、朱春辉和北京师范大学经济与资源管理研究院的林永生、张江雪、刘杨、梁磊等各位老师，感谢环境保护部环境与经济政策研究中心的沈晓悦、杨姝影、李萱和中国人民银行的周金黄、姚斌、袁佳、李果、江会芬等专家，感谢报告的协调和联系人蔡宁博士。

（2）《2014人类绿色发展报告》。

联合国2000年启动的《千年发展目标》（*MDGs*）在2015年到期，如何接续这个宏伟的规划，进一步促进人类的可持续发展，已成为全世界关注的大事。为响应联合国在全球征集“后2015议程”意见，我组织课题组进行了“人类绿色发展指数”的探索研究，力求用简明的指标反映各国在提高人类福祉和社会公平的同时，显著降低环境风险和生态稀缺方面的努力，以配合SDGs的规划，实现促进激励、共同进步的目的。经过大范围、多角度、全方位地搜集各类指标，并对全球影响力较大的指标体系进行深度剖析研究后，确定了社会经济的可持续发展和资源环境的可持续发展两大类维度的12个领域。在每个领域中初选的相关指标多者达到40个，少者也有20个。最后，在借鉴人类发展指数（HDI）的基础上，经多次集体讨论、反复比较、认真研究，最终筛选、确定一个每个领域最具代表性的指标。我将人类绿色发展指数（HGDI）简单地概括为“吃穿住行、教育卫生、资源长享、天蓝气爽、地绿水清、生物共存”，并以此来选择12个人类绿色发展的指标。

人类绿色发展指数指标体系

	人类绿色发展两个方面	人类绿色发展12个领域	指标名称	指标属性
人类绿色发展指数	社会经济的可持续发展	极端贫困	低于最低食物能量摄取标准的人口比例	逆
		收入	不平等调整后收入指数	正
		健康	不平等调整后预期寿命指数	正
		教育	不平等调整后教育指数	正
		卫生	获得改善卫生设施的人口占一国总人口的比重	正
		水	获得改善饮用水源的人口占一国总人口的比重	正
	资源环境的可持续发展	能源	一次能源强度	逆
		气候变化	人均二氧化碳排放量	逆
		空气污染	PM10	逆
		土地	陆地保护区面积占土地面积的比例	正
		森林	森林面积占土地面积的百分比	正
		生态	受威胁动物占总物种的百分比	逆

在这些指标中，体现着重视环境保护与发展，也重视经济和社会发展。据此，我们测度并评估了全球123个国家的绿色发展水平，发布了《2014人类绿色发展报告》，得到了国际领域与同行们的高度认可。联合国环境保护署执行署长

施泰勒（Steiner）先生说："I am very pleased to learn about the English version of the Human Green Development Report 2014."担任联合国秘书长潘基文的特别顾问和可持续发展解决方案网络主任的杰弗里·萨克斯教授（Jeffrey D. Sachs）来信评价说："I am very impressed with the Human Green Development Report 2014. This is a very important contribution to the SDGs."即认为本报告"是对可持续发展目标的重要贡献"，这样高度的评价对我们的研究是很大的肯定与鼓舞。《2014人类绿色发展报告》中文版由北京师范大学出版社正式出版，英文版也由德国Springer出版社出版发行，书名为"*Human Green Development Report 2014*"。全国政协委员、国务院发展研究中心原副主任卢中原对系列报告给予了高度评价，他认为："《2014人类绿色发展报告》是中国学者对全球问题的研究，中国学者站在世界学术研究的前沿，李晓西教授团队做的这个贡献是非常值得肯定和赞叹的。"

《2014人类绿色发展报告》是国内外专家合作的结晶，在这里，我要向参与讨论与评审的国内外专家学者表示深深的敬意，他们是联合国环境规划署高级经济专家盛馥来、张世钢和张金华，联合国开发计划署项目官员王东、何秀珍，联合国工业发展组织项目官员王圳、马健，世界自然基金会中国副首席代表李琳，气候组织大中华区总裁吴昌华，世界自然保护联盟驻华代表朱春全，瑞典斯德哥尔摩国际环境研究院高级研究员韩国义等。还要感谢中国发展研究基金会秘书长卢迈、环境保护部环境与经济政策研究中心主任夏光、中国社会科学院可持续发展研究中心主任潘家华、中国科学院科技政策与管理科学研究所副所长王毅、中国社会科学院美国研究所所长黄平、北京大学副校长刘伟、北京师范大学副校长郝芳华、西南财经大学副校长边慧敏、清华大学公共管理学院院长薛澜、中国人民大学环境学院院长马中、北京师范大学国民核算研究院院长宋旭光、北京大学环境科学与工程学院教授张世秋、国家统计局经济核算司首席统计师施发启等。参与修订指标解释的北京师范大学专家学者有杜育红、张正旺、田贺忠、张琦、王红瑞、张生玲、张占军、王天明、王诺、林卫斌等，项目组成员有刘一萌、白瑞雪、李晶、荣婷婷、宋涛、李菲、晏凌、蔡宁、刘杨、李英子、吴依桐、闵德龙，项目助理是刘一萌和宋涛，在此，一并表示谢意！

（3）《绿色抉择：中国环保体制改革与绿色发展40年》。

中国改革开放40年来，社会经济发展取得了伟大成就，在党的十九大召开之际，国务院研究室前主任魏礼群和中国改革研究院迟福林院长组织出版了关于改革开放40年回顾与展望的一套丛书。全套丛书共13本，对各个领域或方面40年的变迁进行了深入分析。2015年年底，承蒙两位老领导盛情相邀，我承担了本丛书中关于环境保护与绿色发展的论著《绿色抉择：中国环保体制改革与绿色发展40年》的编写工作。该书回顾了从党的十一届三中全会到今天的40年时间里，在改革开放的推动下，环境保护理念与体制是如何发展与完善的，当然，也具体分析了环境、资源、生态如何一步步恶化，如何在保护下仍然被污染。环保体制改革与绿色经济国际合作是同时进行并互相促进的。环境保护在改革开放后，逐步形成了规范的管理体制，也形成了国际合作的机制，因此，本书既突出了改革的作用，也突出了开放的意义。全书共有5篇，第一篇分析了1978—1992年这段改革开放的关键时期，中国从“以阶级斗争为中心”走上“以经济发展为中心”后，经济发展与环境保护的矛盾如何显现，又如何通过推进中国环境管理体制的进步而协调解决。第二篇主要分析了环境问题与经济发展阶段的关系，以及经济体制改革和国际可持续发展的相互影响。时间跨度是从1992年到2012年，即到党的十八大。第三篇重点介绍了党的十八大后，中央如何从国家管理现代化的高度，深化环保体制改革，使环保管理与绿色发展战略更紧密结合，与国际绿色经济潮流更有效地互动。第四篇是对国内外绿色发展及环保合作的前景分析，作为本书的重点，力求对我国环保体制改革与创新、《联合国2030可持续发展议程》的落实与推进加以分析和展望，提出环保体制未来的新特征，展望我国与国际绿色经济合作发展的路线图。第五篇突出了如何借力生态文明建设，在天、地、水、林各个方面推进体制改革与污染治理、环境保护等。

该书篇幅较长，有57万字，已由广东经济出版社于2017年正式出版，2018年又重印两次。在此，感谢南方出版传媒集团杜传贵总经理、广东经济出版社姚丹林社长和易伦编辑卓有成效的工作；感谢经资院关成华院长及各位老师的支持；感谢博士生岳鸿飞、丰晓旭、张橦和硕士生吴佳妮、姚林为我写作提供了大量及时的信息，使我可静下心来，用了一年半的时间完成了该书。

5. 中国经济“绿色发展指数”研究成果得到党和政府的高度重视。

特别令人鼓舞的是，2015年12月31日，国家主席习近平发表2016年新年贺词，《2015中国绿色发展指数报告——区域比较》和《中共中央关于制定国民经济和社会发展第十三个五年规划的建议》一同摆在了主席的办公桌上！

2016年12月22日，中共中央办公厅、国务院办公厅印发《生态文明建设目标评价考核办法》，第二章第六条指出：“年度评价按照绿色发展指标体系实施，主要评估各地区资源利用、环境治理、环境质量、生态保护、增长质量、绿色生活、公众满意度等方面的变化趋势和动态进展，生成各地区绿色发展指数。”在中共中央、国务院的领导下，由国家发展改革委员会、环境保护部、中央组织部会同国家统计局等18个部委组成生态文明建设部际协作机制，并由国家统计局承担年度评价工作，既体现了发挥组织实施国民经济和社会发展战略规划、统筹协调经济社会发展的政府职能，体现了实施生态环境保护规划、政策和协调解决重大环境保护问题的行政权威，体现了政绩考核和干部使用的新导向，还体现了指数测评体系工作的全方位合作与有序推进。2017年3月，为全力支持国家统计局这项工作，我在北京师范大学经济与资源管理研究院党政联席会议上，建议本院组织编写的《中国绿色发展指数报告》研发就此结束，支持“学术版”升级为“官方版”，不要因省级政府绿色发展测度的排序而影响国家统计局等部门的相应工作。我的建议，得到了关成华院长和大家的支持，在党政联席会上正式通过了。

2017年10月，国家统计局给北师大发来函件，对我多年来主持的中国绿色发展指数研究给予了高度肯定，并特别邀请我组织专家，代表北师大对国家统计局完成的省际绿色发展指数进行预评估。我特邀请关成华教授和著名统计专家邱东教授参与并完成了这项工作。我们的工作得到学校领导的大力支持。

2017年12月26日，国家统计局官网发表了《中国绿色发展指数评估》的正式公告，并登载了国家统计局宁吉喆局长的全面解读，同时登载了我的《官方首次发布绿色发展指数意义重大》一文。发布《中国绿色发展指数评估》公告的消息在当日中央电视台《晚间新闻联播》中也播出了。《绿色发展指标体系》《绿色发展指数计算方法》研制和2016年绿色发展指数测评工作，是遵照中央和国务院指示精神，在研究和总结国内外绿色发展和可持续发展等相关理论和实践成果的基础上，结合中国发展和环保的现实完成的，确实意义重大。《每日经济新闻》2017年12月27日头版（综合新华社）发布消息称，“衡量官员政绩新风向标 我国发布绿色发展指数”；2018年1月9日《中国纪检监察报》再次转载了我的文章——《官方首次发布绿色发展指数意义重大》，标题为《美丽中国的数字刻度——我国首次发布绿色发展指数》。事后我听说，国家统计局宁吉喆局长对我的解读一文有批示，认为是“高质量的”。

作为一名学者，理应为可持续发展提供理论支持，为建设美丽中国和保护人类共同的地球村做出我们这代人的努力！

叁

治学体会——“三有八善”

“三有”指写论文的方法。

第一，要有一张大“渔网”；第二，要有一个强大的“胃”；第三，要有一双会“梳小辫”的手。

“八善”指写论文的基础训练与要求。

一是善于把握与实现治学目标；二是善于理论创新；三是善于开展实地调研；四是善于运用模型、数据与图表表达重要观点；五是善于跨学科开展比较研究；六是善于带着建设性批判精神进行学习与分析；七是善于从全球视角进行思维与借鉴；八是善于运用辩证法思考问题。

一　要有大网、强胃、巧手

治学，多指严谨求实的学习态度与方法。古今中外有大量的名人名言在讲治学之道，让人深有启发。印象最深的是国学大家王国维先生讲的治学三境界：“昨夜西风凋碧树。独上高楼，望尽天涯路”，此第一境界也；“衣带渐宽终不悔，为伊消得人憔悴”，此第二境界也；“众里寻他千百度，蓦然回首，那人却在灯火阑珊处”，此第三境界也。唐宋八大家之一韩愈的“书山有路勤为径，学海无涯苦作舟”和其《进学解》中的“业精于勤荒于嬉，行成于思毁于随”这两句，我从中学时代至今约半个世纪念念不忘；近代胡适先生的“大胆假设，小心求证”的治学方法，亦让人常有所思。偶翻见一篇两年前讲治学要求的文章，说“学术之目的在于求实，学术之灵魂在于自由，学术之根基在于坚守，学术之生命在于创新。治学，应该勇于追求真理、崇尚理性精神、尊重科学方法、倡导学术自由、坐得住冷板凳”[①]。概括得不错，可能治学的基本内容都包括了，是适用于各学科的普遍性结论。

我从事经济学的学习与写作有40多年的时间，积累了一些经验，有一些体会。在北师大等高校工作期间，就治学态度与方法等做过20场以上的专题讲演。下面是我在经济方法论教学上的一次安排，可为方法论教学中的代表性做法。

经济学方法分析课程安排表

（2010年上学期）

主讲老师	讲学题目	博士生发言	发言提纲
李晓西	谈谈经济理论的学习方法	龙　飞	诺贝尔经济学奖（1969—2009年）获得者及获奖理由
王天龙	离散动态系统方法介绍	张　帅	对动态因子模型的理解
胡必亮	林毅夫经济研究方法介绍	—	讨论：中国经济学是注重科学主义还是注重人文精神？
甘　犁	实证经济学研究的方法——以中国问题为例	—	讨论：中国经济学是注重民族本土性还是注重国际规范性？
詹正茂	研究工作的一点体会	龙　飞	2009年《美国经济评论》论文简析
刘建生	物理经济学与方法论	丛雅静	小谈统计数据的使用方法
秦　朵	计量经济研究方法介绍	朱　阳	人民币均衡汇率研究述评
林卫斌	关于经济学方法论的几个问题	吴　闽	从财务分析中借鉴宏观经济学研究方法

① 陈丽华、徐平：《治学的核心要求》，《学习时报》摘自2016年12月22日。

（续表）

主讲老师	讲学题目	博士生发言	发言提纲
毛显强	环境经济学研究方法介绍	谭　淞	从长周期理论看世界经济格局变化和中国经济转型
王　健	宏观经济问题研究思路和方法	王　昊	论诱致性制度变迁与强制性制度变迁的转化与融合
邹东涛	谈谈经济学学习和工作的体会	何　奎	我国文化产业发展的区域非均衡性分析
崔丕胜	谈谈经济学学习的体会	姜　欣	经济学中的边际分析方法简析

博士生围绕经济学方法论的发言，均整理为8 000字左右的课程论文，因论文质量高且有价值，均获90分左右的评分。

下面我想汇报的是个人在经济学科研中的一点思考，具体来讲，主要是想说说经济学论文的写作方法和基础功训练方面的一些体会，我将之概括为“三有八善”。

“三有”指写论文的方法，如下：

1. 要有一张大“渔网”。

有一张捕鱼虾的大网，这里说的是资料收集问题。当我们确定论文题目后，首要工作就是广泛全面地收集资料。集我多年写论文和完成著作的经验，这是非常重要的事。创作之始，我希望自己能掌握这个题目方面最广泛的资料。比如，为完成《宏观经济学》（中国版）一书，我把书店和图书馆里的《宏观经济学》当时有的版本几乎全收集齐了，能借则借，可购则买。然后再比较其提纲与写作方法，尽量反复比较、择优而学之。多年来，我承担各类重点项目很多，每次都组织了“资料小组”，就此项目查阅中外古今资料，进行收集汇编。一些重点项目的资料汇编，本身就是几大本。有一年，我被邀请参加北京市第十二届生物医药国际大会，并被邀做主题报告，分析生物医药的标准问题。这可是新问题，对于我来说也是新领域。在网页搜索框里输入“医药标准”，没查到相关资料。我的多位博士生、硕士生帮助我查找相关资料，重点是找一下全世界的生物医药标准，以了解这个领域中世界公认的规则是什么。大部分人都反映找不到，只有一位研究生肖博强，他能力很强，英文很棒，在国内外重要学术网站上大范围地快速为我找到很多资料，尤其是查到了关于生物领域公认的三个国际标准的文件，使我的讲演有了专业的基础。这件事给了我非常深的印象。我曾将这位研究生送到麦肯锡上海总公司实习，反映甚佳。总之，要学会查网站，查相关文献和书籍，善于追索新的资料，善于在国际各高校的英文网站寻找资料，这本身就是一门学问，需要有这种意识，不断训练，以使自己的论著有广度、有深度。我看到，同学们均善于上百度或人民大学资料网等网站，这是应做的一步，但仅此很不够，不足以提供完成写作的广泛资料。其实，各学科中的名家，在这方面都很强，强闻博记，成为学界美谈。

我再给大家举个例子。为完成一篇关于中外贸易的报告，内容涉及边境贸易部分，我们查了图书馆、各网站等都没找到相关资料，后来我却在一家专业小书店里发现有海关总署的统计报告，从中找到了相关数据。这让我非常感慨，这说明，收集资料，只要时时在心，只要下功夫，总能有收获。

有两点提醒：一是在收集资料时要包容各种观点，学会欣赏别人。多年的经验告诉我，作为学者，我们注重别人，尤其是与自己有不同观点的人与文章，包容、比较，择长补短，我们就会有很大进步。“宁要水涨船高，不求水落石出”是共同上进的心态，我常自勉之。二是“化介为论”——变简介为论证。硕士或博士论文都有一个“文献综述”的部分，在近些年的开题和答辩中，有一个明显感觉，就是论文的“文献综述”与作者本人的创新观点联系不紧，缺乏有针对性的提炼。具体来讲，就是在收集资料后，文献中的重要观点如何为你的论文衔接与服务？进一步，如何能把介绍别人论文的精华部分转化成为你所提观点之论据？哪些观点有助于证明或旁证你的新观点？这些都是值得思考并付诸写作中的。

最后一点，收集资料也有个投入产出的关系。产出的目标是重要的，大产出需要大投入，小论文就可以少投入；同时，也要看自己的供给条件。时间充裕、有精力时，可多投入，否则，要尽量择重而投入，以便有余力协调自己的各种活动。

2. 要有一个强大的“胃”。

什么是强大的“胃”呢？意思是说，要能较快地消化大量资料和数据而提炼之。在知识与信息爆炸的时代，大量资料拿到手里，如果没有很强的取舍能力是不行的。换言之，有了一张大“渔网”，捕来很多鱼虾，现在就要能消化它。

要练就强大的“胃”，首先，要求有正确的立场，有报国为民之志甚重要。完全客观主义，就立足不高，动力不久，就辨不出是非，就会在众多信息面前不知所以，难有主见。学习与研究要有适合自己的目标，这在治学中是很重要的。没有目标，如何确定选题？如何确定捕捞物的取舍及何时何处使用？强大的“胃”的潜在含义是，不是为“冰藏鱼虾”式积累知识而治学，而是为提高分析与解决问题的能力而学习广博知识。其次，在学习过程中要注重形成自己的分析框架和思维方式。每个人都有自己的思维模式，遇到一个问题时，需要你的思维模式对资料轻重价值做出反应。如果有较为深入的思维模式，有善于创新的架构能力，你就有了较为强大的“胃”。良好的思维模式要在平时的训练中形成。再次，在强大的“胃”运作时，实际上还需要配一把锋利的“解剖刀”。要清楚哪些是我们需要的，对那些不需要的可迅速剔除。良好的思维模式是帮助你做取舍的“刀背”，分析能力是决定其是否锋利的基础，综合能力是获得果实的条件。我的习惯是，把各种观点中有道理的东西提出来进行综合概括，而不是对某一种观点完全或绝对认同，对不需要的资料则大力地排减。在有取舍的同时，要有所得，这里就有一个综合能力问题。换言之，消化你愿意接受并有启发的诸多观点，从中概括或提炼出自己的特色来。当然，分析综合的能力需要多想、多比较、多练习归纳，多培养删繁就简的写作习惯。

我在参加不少重要会议或论坛时发现，有些学者真是具有非常强的“胃”，大家的发言从不同角度表达了多种观点，他能很快消化并提炼之，发言既有新意，又有分量，还不会让人感觉到重复或套用。为什么？因为他有很成熟的思维框架与逻辑能力，有很强的分析能力，鱼虾入口立即就变成营养了。我经过多年的磨炼，感到自己的“胃”比以前也是强大些了。记得有一年参加成都市城乡统筹试点经验的大型研讨会，这是四川省和中国社科院联合召开的。会务组要我在第一天上午的大会上发言，因在处理各种事，我一直没有时间准备，在从北京去成都的飞机上，才开始阅读相关的实地调研资料。那是电子版的，有20万～30万字，要很快看完并做发言。看得很累不说，到了宾馆，老同学们一起聊天，直到晚上11点半才结束。对我来讲，时间那么少，场合那么重要，准备那么不足，真有些担心了。我尽力抓紧时间摘录要点看，列出了初步的发言提纲，并选择了一些认为有价值的报告带到会上边听边看。在我上台发言前，发言稿才刚刚完成。我发言讲的是土地流转问题，我分析了土地流转主体、客体、特点、规则等。发言受到有关领导的肯定，还被会议选送给《光明日报》，摘要登载。

我的体会是，做学问、写文章，要尊重别人的劳动成果，如果是引用必须要注释出来。在此过程中，如果能迅速地把他人提供的事实与观点消化掉，提炼出自己的见解，那就说明有了强大的“胃”了。

3. 要有一双会“梳小辫”的手。

“大辫子”的选定。梳理“小辫子”是在某一题目下进行的梳理工作，因此，这里先说几句选题目的事，或说“大辫子”的选定。这是一个因人而异的事，没有固定的模式。但有些思考是有用的：一是题目是大或小，要从实际出发。博士论文题目可能比硕士论文题目大点，正常；大项目的题目可能比小项目题目大点，也正常。题目之来源有很多，凡自主选择者，一般情况下建议不要太大，否则深入不下去，会流于表面文章。根据我个人的经验，论文题目最好具有单一性，一个题目含有几个同类型的关键词，就不单一了，或说多元化了，文章写起来就不能就一个问题全面展开、步步深入，而要在这几个关键词上做相互关系的分析了，一般情况下，最好不要为之费力。二是题目多为问题的提出，最好有前沿性，即回答出现的新情况、新实践。这是我们经济学的一个特点。还有，题目太大，创新难度就大，在研究生学习阶段做出体系式的创新，是非多数人可达到的。在校学习者经常会有选择毕业论文之思，而社会研究工作者则经常会有如何把自己感兴趣且有想法的题目整理并写出来之考虑。总之，供、求要结合——你的兴趣、能力之供给，理论创新、解决实际生活问题之需求，消化大量文献与资料甚至实地调研后的综合性提炼，就是“大辫子”的形成过程。

什么是梳“小辫子”？就是当论文或论著题目确定后，把自己的思路进行条理化的过程。当大家写文章或发言时，讲的那些一二三四，就是梳出来的“辫子”。怎么梳理“小辫子”呢？实际操作是复杂的，讨论问题时观点是各异的，要能说出自己有条理的意见，需要自己具有分析和综合问题的能力。能力强，就可以梳出“辫子”；能力很强，就可以很快地梳出“辫子”。以一般经济学问题为例，做论文首先要阐明问题在哪里，现状如何，成因是什么，国内外情况比较，最后是解决思路。这有点像个套路，但确实是一种常见的思维表达模式。也可以换一种方式来阐明这个问题，如先阐述国际上现有的各个学派，集中批判某一种观点，在批判中提出自己的观点，理论上论述，用案例以旁证，建模型以规范，最后进行综合，这也是一种思维的表达模式。在研究生论文预答辩时，我要求学生回答提问，最好每个问题都能归纳出三点来，这就是要求能快速地梳“小辫子”。这个要求看起来简单，但做起来很难。我这样要求，就是想训练学生在短时间内归纳的能力，这种能力也要靠平时积累。实际上，很多同学一下子归纳不出三点，而是在自己最了解的某一点上讲了很多——快速梳“小辫子”还需要在实践中锻炼。

“梳辫子”的过程也是一个分类的过程，而分类是很重要的。比如，打印机属于印刷类还是电子计算机类？鸡肉属于肉禽类还是已加工产品类？分类不同，进出口关税就不同。分类是很重要的，有时分类可直接形成论文的提纲。我举一个经历过的分类引出一篇论文的例子。作为中国质量万里行专家，有一次会议要求我从质量角度发言，谈谈对规划的理解。“十一五”规划中提到质量的概念有10处：第一，提高发展质量；第二，提高城乡居民生活水平质量；第三，健全农产品质量安全；第四，提高产品质量；第五，尽快改善重点流域和区域的环境质量；第六，提高金融企业的资产质量；第七，完善信贷、纳税、合同履约、产品质量的信用记录；第八，提高对外贸易的质量；第九，切实提高利用外资的质量；第十，提高高等教育的质量。经过研究分析，我把这10处概念概括分类为4点，形成了一篇论文，在《中国质量报》上全文载出。这4点是：一是质量载体，从以企业为主，拓展到既有企业，也有国民经济整体；二是质量领域，从以工业为主，拓展到各类行业；三是质量生态，从产品实体质量，拓展到实体与环境两种质量；四是质量范围，从国内范围的质量理念，拓展到对外贸易质量和利用外资质量。结束语是：质量问题关系到可持续发展与和谐社会的构建。我的体会是：写作论文时，掌握基本的分类方法，懂得形式逻辑的分类要求是必要的、有用的。

我们梳理提纲，即梳理“小辫子”时，经常会出现“小辫子”粘连的情况，即各章不能相对独立，这章内容交叉到另一章内容，严格来讲，这是分类不严谨。如要求统计全校研究生的情况，分类是按性别分，按成绩分，还是按专业分，一定要明确，否则分类标准不一致，论述就乱了。还有一个违背形式逻辑的问题是：分类列出的提纲，下一级提纲比上一级提纲大，这就是一个“小辫子”比“大辫子”还粗的矛盾问题。这种情况并不少见，需要我们注意。

二　练就八方面的基础

“八善”指写论文的基础训练与要求，概述如下。

1. 善于把握与实现治学目标。

经济学作用很大，其研究的主题是人民要吃饱穿暖，过上好日子。看《红楼梦》，贾宝玉说，他最不喜欢的就是经济仕途，进而也可推论他不会来学经济了。但是，如果没有经济活动，人们如何能吃上饭？如果没有经济学研究，明白怎么生产，生产多少，怎么分配，一国经济如何才能发展起来？所以说，经济学研究是很有价值的。改革开放以来，就是以经济建设为中心；现在进入新时代，经济、社会与环境统筹发展，五大发展理念与规划，仍然要把经济做好。2020年全民脱贫奔小康，就是经济工作的主要目标，也是《联合国2030可持续发展议程》的重要指标。可以说，“经世济民”是学习经济学的崇高目标。

青年人有志向，愿意成为某个领域（比如经济学专业）的专家，这个抱负可否赞同与支持？我非常赞同，乐见其成！古今中外的名人，为世界文明做出了重大贡献，他们为自然科学和人文科学的献身精神和探索求知，成为人类社会发展的巨大推动力，成为激励青少年奋斗前进的精神支柱和力量源泉，向他们学习是天经地义、没有争议的。但在我们这一辈人的成长中，“成名成家”思想进而走所谓“白专道路”是被否定甚至批判的。经过几十年的观察，我认为，真正的专家、学者是天然的爱国者，天生是为社会做贡献的。事业的成功，往往需要他们全部的精力。20世纪70年代末，报道数学家陈景润时，整个社会反响强烈，就是因为说出了这一朴素的真理，说出了人民大众埋在心里的话。青年人用自己的努力、用自己的成果、用正当的手段去实现名和利，对得起自己，也有益于社会。从追求名利出发，以淡泊名利为结局；从以个人名利为动力，到以国家名利为取舍，将是一个必然的过程。淡泊名利是一个高级的阶段，是学有所成的大专家自勉的。令人担心的是，青年人尤其是青年知识分子失去理想，没有追求，对科学家、文学家、艺术家、经济学家等根本没有兴趣，唯顾自我，唯求安乐，非常世故，虽有才华，不求发挥，让人为之惋惜！虽然职业本身不是判断一个人是否成功的标准，但不论从事哪一种工作，都应力求多出成绩，多为社会做贡献，如此才不枉人生。

2. 善于进行理论创新。

科学研究的本质是创新。科学研究中的创新主要是指提出新思维。有专家说：创新是一门脑力活，创新是一门艺术活，创新是一门技术活。这里，首先强调了创新是一门脑力活。我认为，创新者的性格必有四个特点：一是好奇与兴趣，二是勇气与质疑，三是多思与会想，四是自信与坚韧。好奇心和兴趣是一个人创新的内生动力。回想过往，若无学习兴趣，可能很多事就做不了。没有兴趣，何以在40岁开始学习用电脑并自学五笔输入法？何以有所谓的“三个化”方面的努力？窃以为，兴趣需要丰富的想象力，胡思乱想是想象力的起步，新观点是想象力的正果。想象力与知识积累有关，知识结构不同，想象的东西就有区别。不要压制自己的想象力！先由兴趣而择学之以提高能力，后由需求而适应之以逐步实现人生目标。

经济学中，创新概念是奥地利经济学家熊彼特在1912年出版的《经济发展概论》中提出来的。熊彼特提出：创新是指把一种新的生产要素和生产条件的“新结合”引入生产体系。它包括五种情况：引入一种新产品；引入一种新的生产方法；开辟一个新的市场；获得原材料或半成品的一种新的供应来源；创造一种新的组织形式。

习近平总书记在2016年全国科技创新大会上讲："要尊重科学研究灵感瞬间性、方式随意性、路径不确定性的特点，允许科学家自由畅想、大胆假设、认真求证。要让领衔科技专家有职有权，有更大的技术路线决策权、更大的经费支配权、更大的资源调动权……"中国改革开放为经济学研究、创新提供了大舞台，解决实践中的新问题本身必然推动出现众多创新。

3. 善于开展实地调研。

现实经济调研很重要。学习经济学，不能只看书本，只听别人分析的结论，有条件时要自己去进行调研。中国正处在改革开放的伟大时代，调研就更加重要了。多年的调研经验告诉我，很多问题，到了基层、到了农户面前就都清楚了。比如了解价格情况，县里有县里的物价平均数，省里有省里的物价平均数，只有到了农贸市场上，到了农户家里，萝卜、白菜到底多少钱一斤，农用柴油一斤补多少钱才能清清楚楚。1984年我们去广东某县的农贸市场上采价，长了不少书本上没有的知识。比如，去后才了解到按规定的采价时间是上午11时，因为这个时间供需双方相对集中，而采价登记的是最后的成交价格，不是卖方开口价。当大客户来集市采购时，比如来了购货大车，我亲身体会到什么是"汽车一到，价格升高"。这些情况不入现场是不知道的。再举一个例子：前几年，我接受了国家的一个社科重大课题，即地区间居民收入差距问题。我们选择了若干省市进行调查。在山东威海市，我们请政府各个部门来谈谈当前收入分配中存在的最大问题是什么，我最受启发的是信访部门介绍的一个情况。他们说，过去一年上访最多的是老干部，他们反映退休金偏低，这占信访人数的80%，实在令人吃惊。会后去离退休老干部处开座谈会了解情况，有位老干部反映，他是清华大学毕业的，早年国家把他分到企业当厂长，而他的同学分到政府部门当处长，现在他们都退休了，政府部门干部的退休工资比厂长高了差不多有1倍。企业退休干部靠退休金，很难保证基本生活。这位党员干部展示了一大堆先进工作者之类的奖状，可以看出他是一位对共和国建设有贡献的人。他们提出的意见，我们必须要重视。我们后来给上级决策部门一个建议，希望在给机关干部涨工资的时候，一定要同时考虑给离退休老干部提高退休金，要减少退休老干部与退休老工人的收入差别，让退休老工人得到重视。至于在市场化背景下就业的人的情况则不同，企业效益好，工资高；企业效益不好，工资低，不会攀比、找政府的。总之，多去调查实际情况，掌握第一手调查资料，对研究结果尤其是政策建议的准确性至关重要。

当然，社会调研需要时间与精力，如何处理好关心社会实践与安心学习的关系是应统筹考虑的。一心苦读圣贤书，还须两耳常闻窗外事，既是难事，也是机遇，贵在悟性与能力了。

4. 善于运用模型、数据与图表表达重要观点。

马克思认为："一种科学只有在成功地运用数学时，才算达到了真正完善的地步。”数学与经济学分析关系密切，数学基础理论的发展，引起了经济学分析方法的进步。简单来说：如果没有方程式，就不存在均衡分析；如果没有微积分，就没有边际分析；如果没有线性代数，就没有投入产出法；如果没有集合论与模糊数学，就不会有近似性分析。多年来，经济学越来越重视将模型、数据与图形用于分析。简单来说有三个原因：首先，数理与计量分析方法可以帮助我们理思路、选变量、找路径、查相关，从定量分析走向定性判断；其次，这种方法是国际化的、通用的，在国际经济学界的交流中起了沟通与认同的重要作用；最后，从教学角度看，数理与计量分析方法是培养研究生分析与解决问题的重要工具，是提高经济学教学质量的重要手段。

数理统计方法，就是把现实分析与数学方法结合起来的产物，是处理问卷调查结果最具价值的工具。解释一些现象时，能画出经济分析图表，归纳出重要变量间的关系模型，有计量分析结果和判断，再加上一些案例，就很容易被国内外经济界人士理解和接受。总之，在写作重要的经济学文章时，一定要学会用量化的指标论证观点，要有各类数据库作为支撑，这是写经济学论著的基本功。

计量与数理分析方面，已产生了大量富有价值的软件，形成了经济学独特的助手作用。我们不可能让客观的经济过程重复表演，但在计算机里我们可以做到。正是有了计量的软件，经济学才有了可重复试错的试验。我们不要求同学们在程序设计方面有计算机专业人士那么高的水平，但计量软件运用应是经济学专业学生一定要学好的。我曾在《经济研究》上发表过一篇文章——《转轨过程中的结构性通货膨胀》。1988年去英国访问学习时，我开始接触到SPSS、SAS等统计软件。文章研究了前10年的货币数量与通货膨胀的关系，用的是TSP，即时间序列的回归分析软件。在写作中我发现二者没有直接相互影响，后来把货币数量与通货膨胀这两个变量取二阶导数后，就存在相关关系，表明了货币的周转速度对通货膨胀存在影响，而不是通常认为的货币量直接对价格产生影响。学习应用经济统计软件，我感到很有意思与收获。

同时，我想说，对数量分析的理论与技术也不能过分迷信。计量经济学虽然发展很快，但其结果的可适用性，仍然没达到理想的程度。运用计量软件时，时间长短的选择、变量的选择、虚变量的设置、结果不满意时变量和结构的调整等，都让人感到其存在很多主观因素。我们习惯的参数分析与计算方法真的有待提高，因为有太多的假设条件和简化要求，因此在实际应用中难以全面反映变量间的关系；而"非参数化分析方法"今日之兴起，为大数据处理提供了新的空间，可对其比较分析、综合考虑。因此，计量分析及其软件工具，作为参考助手很好，但完全信任其结论比较难，也有待不断完善。经济学家正在更多地从人文科学本身找出路。

5. 善于跨学科开展比较研究。

要借助多学科进行交叉思维，文科学习要与理科学习相结合。理科培养严谨的治学态度，比如数学，让人为其严密性而折服；文科思路开阔，让科学充满人文精神。现在强调发展交叉学科非常重要。以绿色经济研究为例，绿色经济涉及环境经济学、生态经济学、资源经济学、低碳经济学等在经济学领域中有影响的学科，而在自然科学领域涉及环境规划学、水利、土壤学等，在绿色产业、气候应对、绿色金融、节能减排等实用方面也体现着交叉研究的重要性。据我观察，绿色经济在现实要求下可能成为一门交叉的专业学科。

经济学本身具有跨学科的渗透性，因为经济学具有广泛的实用价值，很多产业需要用到经济学的分析方法。中国经济改革的40年，深深地证明了经济学的重要地位。记得在我国举办北京国际奥运会之前，经济界人士经常参加讨论奥运会成本收益及对经济发展的后续影响，讨论发展体育产业与全民健身的关系，讨论体育商业化与公益性的关系问题，甚至进而讨论体育管理体制改革。经济学本身也在被“交叉”，比如，今天我们在银行和企业的产权分析中，不断提到道德风险等问题，就使人感受到了伦理学的影响，而当初，亚当·斯密确实是先讲“道德情操论”的。再比如，结合心理学的行为经济学已经得到了一次诺贝尔经济学奖，这表明了经济学界的关注方向。

这里还要提及一点：在经济学治学中，要处理好“专业要精”与“兴趣要广”的关系。“专”有助于“深”，有助于以后运用；“博”有助于陶冶情趣、丰富人生，也有助于多角度观察与解决现实经济问题。

6. 善于带着建设性批判精神学习与分析。

科学研究不是一种自私自利的享受，而是要为社会进步做出贡献。社会科学的研究，往往需要批判的精神。对学生来讲，“批判”是“独立思考”的同义词。批判不是否定，而是对知识的消化和吸收。没有独立的思考，所学的知识就没有生命力，就不会成为自己能力的一部分。

为批判而批判，我不太喜欢，因为这不是“建设性”的批判。批判是为了创新，不是为了破坏。在很多场合，你说什么不行，有人就会问：那你说什么行？如果你说不出什么行，就难以服人。尤其对学者和专家而言，一定要有自己的建树。邓小平同志以“一国两制”解决香港问题一例就令人佩服。英国人对于香港回归肯定有他们的主张，我们不同意，那就要提出自己的主张，“一国两制”就是我们的主张，一种极富建设性的主张。现在看来，这是正确解决香港回归问题最可取的办法。同样，在我国经济转轨中，充满了大量对传统计划体制的批判，但今天社会主义市场经济的理论，是高水平的批判，是建设性的批判，是经过对旧体制不同层次和角度的多次批判后才诞生的。

批判式的学习和研究是艰苦的。能对一种观点尤其是权威观点提出不同意见，并不是一件容易的事，尤其是在数理化方面。我在学习高等数学时，面对严谨的科学体系，是完全地被征服、被牵着走的。这时，我感到自己智力的不足，感到深入理解的不易。我认为，能对一门学科提出一套不同观点是幸福的，这种幸福只属于少数人，属于那些既有天赋又能为追求真理牺牲个人一切的科学家。能被一种严密的科学征服，也是一种幸福，是不断挑战而认同真理的一种幸福，这种幸福属于多数人，属于愿意学习上进的所有人。文科学习中可能会给学习者多一些自由的空间，这不仅是个人勤奋的体现，更是改革开放时代提供了难得的历史机遇。

批判式的学习和研究尤其要慎重，不是随意发挥、乱批乱说。上大学时我即有一条做学问的戒条，就是“发挥分析力，控制下判断”。分析问题要从多方面考虑，用多种方法验证，从多种观点比较；做判断下结论要防止武断、绝对。要做到分析问题深透，结论恰当、谨慎。对那种分析不透、结论惊人的文章，只需看标题就够了。要敢于提出自己的想法，勇于和善于突破现有的观念，勇于修正自己不正确的观点。一般情况下，发表不同观点要与人为善，目的是改进和发展，而不是贬低别人。点名叫阵，直捣黄龙，文章自然旗帜鲜明，读者看上去痛快，但此法我慎用。我经常用的一个办法是，给别人的观点定位，让他明白，其观点正确性在什么范围内成立，而不成立的范围有多大，这种驳论的方法会使人感到真诚。要相信，说理透彻且具善意，多数人是会以不同形式接受的。

7. 善于从全球视角进行思维与借鉴。

在经济全球化的今天，由于世界经济一体化，因此一国经济与国际经济联系更紧密了。国际经济环境的改变必将相应地引起经济理论的重大调整。经济学研究不再是封闭的系统，甚至不再先以封闭为起点，后加上开放条件，而是应以开放条件为起点，去深化经济学理论。全球化导致各国经济与世界经济相结合，产生出在全球化背景下的经济学理论。因此，要以全球视角进行思维。

以宏观经济学为例。宏观经济学在不断地发展，既有原有理论的深化，也有新理论的提出。这些新理论旨在解释新问题。比如，2004年诺贝尔经济学奖获得者芬恩·基德兰德（Finn Kydlard）教授与亚利桑那大学爱德华·普雷斯科特（Edward Prescott）教授开创的真实经济周期理论，被认为是近20年来宏观经济学最引人注意的进展之一。传统经济学家把宏观经济波动看作需求变动的原因，基德兰德和普雷斯科特首先否定了货币因素作为经济波动的初始根源的可能性，他们认为经济周期波动的根源是社会经济的真实因素，尤其是社会的技术冲击。再比如，经济学家对政治和宏观经济之间相互作用的研究已经成为一个重要领域，被称为新政治宏观经济学。在新政治宏观经济学看来，政府是政治和经济力量相互作用的中心点。影响宏观经济政策制定者的政治因素被归纳为四种主要的模型：一是传统机会主义模型，二是传统政党模型，三是理性预期“革命”，四是理性机会主义模型。我认为，这些在国际经济界出现的理论新动态值得关注与借鉴。

论文尤其博士论文写作中应注意其题目内容在各国兴起的情况，注意国际上新的理论动向与热点话题，尤其要注意选题在国际经济学领域是否有新视角、新观点，进而在论文结论尤其是进行政策建议时，从比较中借鉴与提炼观点。这既增加了视角的广度，也常因此加大了分析的深度。

8. 善于运用辩证法思考问题。

辩证法是古今中外共同创造的大思路，核心在于对立统一。看问题要既全面又要有重点，在对立中看到主流与趋势，把握动态，远近结合，下结论要准确但不绝对，等等。在经济学治学中，我想以下两点是可考虑的。

一是分析理论或观点要善于明确条件和范围。是牛顿力学范围还是爱因斯坦力学范围，两者是不一样的；平面几何中三角形之和为180度，但黎曼几何中三角形之和就不是180度了。这就如数学证明或解题时常用的“假设”，在此“假设”条件下开始运算，结论解释也当然要在“假设”所定的范围里。在经济学研究中，也常遇到这种情况，如“民族工业”提法在企业或民众中是鼓舞志气的，但用在国家对外开放的政策文件中，就会引来疑虑与争议。我的一位在国际组织工作的朋友来我院做讲演时曾讲了一些体会，他说：在对外关系中往往要把握“度”，如中国常讲外援“不附加政治条件”，但事实上不能“太不附加”，否则会被外国媒体曲解为中国外援是对国内纳税人不负责任，是别有背景；中国企业“走出去”的做法要透明但不能太透明，否则会有不少麻烦；等等。多考虑些辩证法，说理时留点余地，应对国际难题时水平就会有所提升。

二是用辩证法来克服和调节自己治学上的困顿。学习生活是辛苦的、艰苦的，甚至是痛苦的，但不论忙与闲，需要经常化解自己的情绪，保持乐观的心态。有一个流行词叫“郁闷”或“抑郁症”，我认为这是需要设法化解的。我读研究生时曾写了一个对子提醒自己：“进两步退一步，有退才有进；有所为无所为，无为才有为。”这就是用辩证法来化解各种不解或苦恼，用先贤们的大智慧来调节欲望与现实的矛盾。这方面启功大师值得我们学习，他的学术成就斐然且他善于解脱烦恼及保持乐观的心态。

结束语：70岁时，有机会被督促整理自己的治学经历和体会，深感机遇之巧似有天意。在此，向本套丛书的主编张卓元老师、高培勇副院长和编委会的诚挚邀请表示衷心的感谢，向在关键时候支持和鼓励我的中国社会科学院经济研究所《经济研究》编辑部表示深深的谢意，向广东经济出版社30年来多次为我成果的高质量出版表示特别的谢意！还要向为本丛书付出艰辛劳动的张永山、王红梅、刘莹、易伦等编辑和徐玉堂、卡恩才两位审读老师表示诚挚的感谢！

感谢祖国改革开放40年提供的历史画卷与伟大舞台！

感谢父母大人的养育之恩与无私关爱！

感谢所有培养过我的中外老师！

感谢夫人40年如一日的全力支持！

感谢兄弟们的胞情与儿孙孩子们的自强与孝心！

感谢共同成长的众多学友们！

感谢支持我成果问世的多家出版社和杂志社！

最后，请允许我把2015年中秋诗会与一批哈佛大学回京的学友分享过的一首小词《永遇乐》作为本自传的结束语吧！

《永遇乐》

彼昼我夜，日月争辉，东土西洋。绿荫情侣，血红沙场，叹别样衷肠。一个地球，千年目标，奏唱天人共享。看明月，嫦娥有情，祈福子孙吉祥。

白首方信，青春年华，总在匆匆路上。江山多娇，何曾细赏，寻悠闲时光。幸至暮临，汉唐衣衫，醉卧江堰森旁。眉山下，或遇子瞻，金顶夕阳。

京师老牛草于四川青城、峨眉二山

2015年8月

附　录

一 著作一览表

著作一览表

序号	出版时间	书名	编著形式	出版社	字数
1	1988	《中国价格结构研究》	合著	山西人民出版社 中国社会科学出版社	25万字
2	1991	《现代通货膨胀理论比较研究》	专著	中国社会科学出版社	28万字
3	1993	《经济“怪圈”之谜——对经济改革的哲学分析》	专著	中国社会科学出版社	11万字
4	1999	《20年观察与思考——李晓西论文集》	专著	经济科学出版社	53万字
5	1999	《亚洲金融危机实地考察》	主编	中国人民大学出版社	35万字
6	1999	《21世纪中国银行业风险与防范》	主编	广东经济出版社	24万字
7	2000	《宏观经济学：转轨的中国经济》	专著	首都经贸大学出版社	33万字
8	2001	《转轨经济笔记》	专著	广东经济出版社	53万字
9	2003	《2003中国市场经济发展报告》	主编	中国对外经济贸易出版社	42万字
10	2003	*A Report on the Development of China's Market Economy 2003*（《2003中国市场经济发展报告》）	主编	中国对外经济贸易出版社	78万字

（续表）

序号	出版时间	书名	编著形式	出版社	字数
11	2005	《现代商务通论》	主编	中国商务出版社	48万字
12	2005	《中国市场经济发展报告》（2005年中英文简本）	主编	中国商务出版社	10万字
13	2005	《2005中国市场经济发展报告》	主编	中国商务出版社	47万字
14	2005	《新世纪中国经济轨迹——2001—2004年分季度经济形势分析报告》	主编	人民出版社	75万字
15	2005	《宏观经济学》（中国版）	专著	中国人民大学出版社	56万字
16	2006	《宏观经济学案例》	主编	中国人民大学出版社	27万字
17	2006	《新世纪中国经济报告——2001—2006年重点领域十一项研究成果》	合著	人民出版社	70万字
18	2006	*Assessing the Extent of China's Marketization*（《中国市场化程度的评估》）	合著	Ashgate Publishing Limited（英国）	30万字
19	2007	《自然资源与能源经济学手册·第1卷》	组译	经济科学出版社	55万字
20	2009	《自然资源与能源经济学手册·第2卷》	组译	经济科学出版社	30万字

（续表）

序号	出版时间	书名	编著形式	出版社	字数
21	2010	《自然资源与能源经济学手册·第3卷》	组译	经济科学出版社	70万字
22	2007	《中国货币与财政政策效果评析》	主编	人民出版社	43万字
23	2007	《新世纪中国经济轨迹——2005—2006年分季度经济形势分析报告》	主编	人民出版社	62万字
24	2008	《中国经济改革30年（市场化进程卷）》	主编	重庆大学出版社	32万字
25	2008	《2008中国市场经济发展报告》	主编	北京师范大学出版社	69万字
26	2009	《中国：新的发展观》	专著	中国经济出版社	42万字
27	2009	《中国区域经济学30年论文精选（1978—2008）》	主编	北京师范大学出版社	97万字
28	2009	《中国市场化进程》	专著	人民出版社	41万字
29	2009	《新世纪中国经济轨迹——2007—2008年分季度经济形势分析报告》	主编	人民出版社	70万字
30	2010	《少数民族毯》	主编	民族出版社	25万字
31	2010	《时代变迁中的求索与呐喊：改革开放30年回顾思考》	专著	北京师范大学出版社	61万字
32	2010	《中国地区间居民收入分配差距研究》	主编	人民出版社	50万字

（续表）

序号	出版时间	书名	编著形式	出版社	字数
33	2010	《国际金融危机下的中国经济发展》	合著	中国大百科全书出版社	37万字
34	2010	*CHINA'S NEW DEAL (Economic Development under International Financial Crisis)*	合著	Nova Science Publishers, Inc.（美国）	37万字
35	2010	《国际金融危机对中国经济增长和就业影响及对策》	主编	科学出版社	45万字
36	2010	《宏观经济学讲演录》	专著	中国人民大学出版社	37万字
37	2010	《2010中国市场经济发展报告》	主编	北京师范大学出版社	49万字
38	2010	《2010中国绿色发展指数年度报告——省际比较》	主编	北京师范大学出版社	46万字
39	2010	*Emerging Markets: Reform and Development in China*	合著	Nova Science Publishers, Inc.（美国）	4万字
40	2011	《新世纪中国经济轨迹——2009—2010年分季度经济形势分析报告》	主编	人民出版社	86万字
41	2011	《中国经济新转型》	合著	中国大百科全书出版社	38万字

（续表）

序号	出版时间	书名	编著形式	出版社	字数
42	2011	《教育促进可持续发展：灾后重建政策与实践》	主编	北京师范大学出版社	53万字
43	2011	《2011中国绿色发展指数报告——区域比较》	主编	北京师范大学出版社	68万字
44	2011	《宏观经济学》（中国版·第二版）	专著	中国人民大学出版社	76万字
45	2012	《中国：绿色经济与可持续发展》	合著	人民出版社	40万字
46	2012	*China Green Development Index Report 2011*	主编	Springer出版社（德国）	68万字
47	2012	《2012中国绿色发展指数报告——区域比较》	主编	北京师范大学出版社	82万字
48	2012	《21世纪中国经济轨迹——分季度经济形势分析报告（2012）》	主编	人民出版社	48万字
49	2012	《首都科技创新发展报告（2012）》	主编	科学出版社	44万字
50	2012	《中国“阳光工程”：世界最大规模的农村劳动力转移培训》	主编	中国对外翻译出版有限公司	20万字
51	2012	《论道中国发展——金帝雅论坛实录》	主编	西南财经大学出版社	26万字
52	2013	《中国传统能源产业市场化进程研究报告》	合著	北京师范大学出版社	20万字

（续表）

序号	出版时间	书名	编著形式	出版社	字数
53	2013	《2013中国绿色发展指数报告——区域比较》	主编	北京师范大学出版社	70万字
54	2013	《21世纪中国经济轨迹——分季度经济形势分析报告（2013）》	主编	人民出版社	54万字
55	2013	《“五指合拳”——应对世界新变化的中国能源战略》	合著	人民出版社	32万字
56	2014	《首都科技创新发展报告（2013）》	主编	科学出版社	69万字
57	2014	《宏观经济学案例》（第二版）	主编	中国人民大学出版社	43万字
58	2014	《2014中国绿色发展指数报告——区域比较》	主编	科学出版社	107万字
59	2014	*China Green Development Index Report 2012*	主编	Springer出版社（德国）	82万字
60	2013	*Lectures on Macroeconomics: A Chinese Perspective*	专著	中国对外翻译出版有限公司	37万字
61	2014	*Macroeconomics: A Chinese Perspective*	专著	Cengage Learning（新加坡）	76万字
62	2014	《中国绿色金融报告2014》	合著	中国金融出版社	33万字

附录

序号	出版时间	书名	编著形式	出版社	字数
63	2014	《2014人类绿色发展报告》	主编	北京师范大学出版社	34万字
64	2014	*Human Green Development Report 2014*	主编	Springer出版社（德国）	34万字
65	2015	《首都科技创新发展报告（2014）》	主编	科学出版社	52万字
66	2015	《经世济民　谋求发展：金帝雅论坛实录（第二册）》	主编	西南财经大学出版社	35万字
67	2015	《2014—2015城市绿色发展科技战略研究报告》	主编	北京师范大学出版社	35万字
68	2015	《21世纪中国经济轨迹——分季度经济形势分析报告（2014）》	主编	人民出版社	54万字
69	2015	《21世纪中国经济轨迹——分季度经济形势分析报告（2015）》	主编	人民出版社	55万字
70	2015	《2015中国绿色发展指数报告——区域比较》	主编	北京师范大学出版社	80万字
71	2016	《现代经济学大典（资源与环境经济学分册）》	主编	经济科学出版社	23万字
72	2017	《绿色抉择：中国环保体制改革与绿色发展40年》	专著	广东经济出版社	57万字

二 获奖论著一览表

获奖著作

序号	书名	获奖情况
1	《宏观经济学：转轨的中国经济》	北京市优秀图书一等奖、第十三届中国图书奖（1999）
2	《2003中国市场经济发展报告》	第十一届孙冶方经济科学奖（2004）、北京市第八届哲学社会科学优秀成果一等奖（2004）
3	《中国货币与财政政策效果评析》	入选新闻出版总署第二届“三个一百”原创图书出版工程（2008）
4	《宏观经济学》（中国版）	北京市第十届哲学社会科学优秀成果二等奖（2008）
5	《中国经济改革30年（市场化进程卷）》	入选2008年国家新闻出版总署纪念改革开放30周年的100种重点图书
6	《2008中国市场经济发展报告》	入选2008年国家新闻出版总署纪念改革开放30周年的100种重点图书
7	《国际金融危机对中国经济增长和就业影响及对策》	自然科学基金应急课题A级优秀成果（2010）
8	《2010中国绿色发展指数年度报告——省际比较》	第二届（2011）中国软科学奖一等奖
9	《2011中国绿色发展指数报告——区域比较》	入选国家新闻出版总署“经典中国国际出版工程”项目（2011）
10	《中国市场化进程》	第六届吴玉章人文社会科学一等奖（2012）、入选国家出版总署60周年辉煌成果“庆祝新中国成立60周年”重点书系（2009）

获奖论文

序号	论文题目	获奖情况
1	《统一的市场价格目标模式论》，《经济理论与经济管理》1986年第4期	中国价格学会首届优秀论文奖（1986）
2	《转轨过程中的结构性通货膨胀》，《经济研究》1994年第10期	第一届薛暮桥价格研究奖（1998）
3	《新形势下的引进外资战略》，《生产力研究》1994年第3期	1994年度安子介国际贸易研究奖优秀论文二等奖
4	《中国社会保障监督体系框架设计》，《中国社会保障研究》2004年第3期	中国社会保险学会2005年度社会保险优秀论文一等奖